Arena-Taschenbuch
Band 1447

Die flüssige Ich-Erzählung vermittelt anschaulich Eindrücke vom Leben der angesehenen Römer, vom Alltag der Kinder, von den Pflichten der Sklaven und vom Leben und der Atmosphäre in der Hauptstadt eines damaligen Weltreiches. Zu empfehlen.

Informationsdienst der Einkaufszentrale für Öffentliche Bibliotheken

Maria Regina Kaiser

Lukios, Neffe des Kaisers

Arena

CIP-Kurztitelaufnahme der Deutschen Bibliothek

Kaiser, Maria Regina:
Lukios, Neffe des Kaisers/Maria Regina Kaiser.
– 1. Aufl. – Würzburg: Arena, 1983.
(Arena-Taschenbuch; Bd. 1447)
ISBN 3-401-01447-1
NE: GT

1. Auflage als Arena-Taschenbuch 1983
Lizenzausgabe des Herold Verlags Brück KG, Stuttgart

Dieses Taschenbuch erschien als gebundenes Buch unter dem Titel
„Ein junger Römer namens Lukios“

Umschlaggestaltung: Pieter Kunstreich
Karten von Julius Kirn
Lektorat: Rita Harenski
Gesamtherstellung: Richterdruck Würzburg
ISSN 0518-4002
ISBN 3-401-01447-1

Inhalt

Vorwort

Dieser Jugendroman aus dem alten Rom spielt im Jahr 175 n. Chr. (nach Christus). Die Jahre werden nach den damals in Rom amtierenden Konsuln benannt.
Seit den Anfängen der römischen Kaiserzeit hatten alle Monate, auch der Februar, in gewöhnlichen Jahren und in Schaltjahren, dieselbe Anzahl von Tagen wie bei uns. Die Woche hatte sieben Tage. Bei Tagesangaben wird vom Tag vor und nach den Kalenden, von Iden und Nonen gesprochen.
Die Kalenden waren immer der erste Tag eines Monats. Die Iden fielen im März, Mai, Juli und Oktober auf den 15., in den acht anderen Monaten auf den 13.; in diesen acht Monaten fielen die Nonen auf den 5., in den übrigen vier Monaten auf den 7. Tag des jeweiligen Monats.

Personenverzeichnis

LUCIUS CEIONIUS COMMODUS, genannt LUKIOS, 9 Jahre
LUCIUS AURELIUS COMMODUS, meistens nur COMMODUS genannt, 13 Jahre, Onkel des Lukios und Sohn des Kaisers Marcus Aurelius; er ist der CAESAR
CORNILLA – heißt eigentlich CORNIFICIA, 11 Jahre, Schwester des Lucius Aurelius Commodus und also auch eine Tante des Lukios
ANNIA – Schwester des Lukios, 10 Jahre
SEXTUS – Mitglied des „Klubs der Raben“
QUINTIAN – Neffe des Stiefvaters Lukios’ und ebenfalls eines der Mitglieder des „Klubs der Raben“
LUCILLA – älteste Schwester des Lucius Aurelius Commodus und Mutter des Lukios
TANTE FABIA – Schwester des verstorbenen Vaters Lukios’
MARCIA – Köchin im Haus der Tante Fabia
EUPHRAT und TIGRIS – Zwillinge, Kinder von Sklaven im Haus der Tante Fabia, gute Freunde des Lukios
ONKEL UMMIDIUS – Onkel des Lukios
HYAZINTHUS – Griechischlehrer
PITOLAOS – Erzieher des Kaisersohns
GALENUS – ein berühmter Arzt, der aus Pergamon in Kleinasien stammt

JULLUS – ein Gladiator, der nicht nur Löwen jagt, sondern auch gern Briefe schreibt
MARCUS – Begleiter des Jullus, versteht ebenso etwas von Löwenjagd
MARIUS – Steuermann
PRISCUS – Tierhändler
BOBO – ein Affe aus Numidien

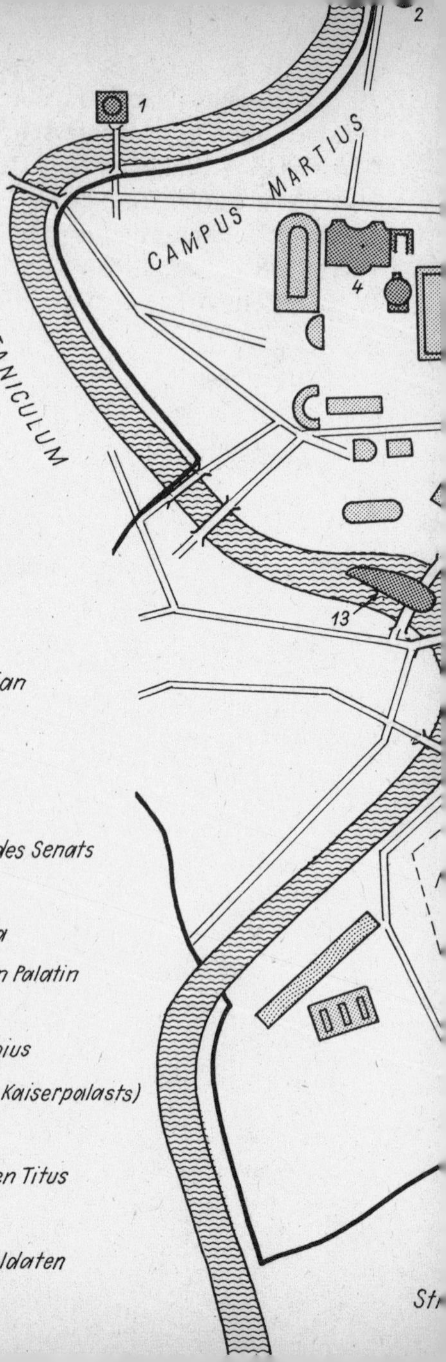

1 Grabmal des Hadrian
2 Mausoleum des Augustus
3 Ehrensäule des Marc Aurel
4 Thermen des Nero
5 Tempel des göttlichen Hadrian
6 Apollo-Tempel
7 Trajansmarkt
8 Augustusmarkt
9 Curia, Versammlungshaus des Senats
10 Titusbogen
11 Tempel der Venus u. d. Roma
12 Palast des Tiberius auf dem Palatin (hier wohnte Commodus)
13 Jnsel des Heilgottes Äskulapius
14 Domus Augustana (Teil des Kaiserpalasts)
15 Circus Maximus
16 Amphitheater des göttlichen Titus
17 Thermen des Trajan
18 Lager der Prätorianer - Soldaten

18
M. CISPIUS
7
8
9
17
11
10
12
M. ESQUILINUS
16
14
15
M. CAELIUS
INUS
Via Appia
Appische Straße
ging weiter nach LANUVIUM

Wie diese Geschichte entstand

Wenn es nicht zu heiß ist, setze ich mich am liebsten auf die oberste Sitzstufe des Theaters. Von hier aus hat man den schönsten Blick über Pergamon. Von hier kann man weit hinaus in die Ebene sehen, bis zum Heiligtum des Äskulap, zur „heiligen Straße“, bis aufs Meer, und sogar die hellen Segel der Schiffe erkennt man noch gut.

Die Marmorbank ist warm von der Sonne, auf meinen Knien liegt die Papyrusrolle, neben mir stehen ein Glas Rußtinte und eine Dose voll mit Honigbonbons, die mir der Arzt Galenus gegen meine Heiserkeit verordnet hat. Es ist Ende September. Vitrasius Pollio und Flavius Aper sind Konsuln* in Rom (176 n. Chr.). Vor ein paar Tagen hat mein alter Lehrer Hyazinthus mir die Papyrusrolle in die Hand gedrückt und mir geraten, auf ihr meine Geschichte aufzuschreiben ...

„Denn“, so sagte er, „so geht es nicht mehr lange weiter, Lukios. Du bist wieder ganz heiser. Zwei Stunden hast du eben gebraucht, um den Kindern die Sache mit dem Pferd Pertinax und dem Schaf zu erzählen –“

Das habe ich eingesehen. Übrigens hat Euphrat hier in Pergamon angefangen, die Kunst des Lesens zu lernen. Tigris konnte schon in Rom lesen. Beide Zwillinge waren jedenfalls damit einverstanden, daß ich einen Papyrusroman für sie schreibe – und mit der Heiserkeit wurde es jetzt fast schlagartig besser. Die Rolle beginnt sich zu füllen. Neben mir sitzt der Affe Bobo mit geschientem Arm und frißt ein Honigbonbon nach dem anderen, während ich schreibe.

* vgl.: Anhang S. 158

Wenn er nicht gewesen wäre, und wenn ich nicht LUCIUS CEIONIUS COMMODUS hieße – obwohl mich die meisten Leute einfach „Lukios" nennen –, ja dann – dann wäre ich wohl nie nach Pergamon gekommen. Ich säße heute in Rom auf einer Bank im Pädagogium in der Jupiterstraße, in der auch unser „Haus der Diana" steht, und müßte mich mit Geometrie quälen und kleine Kieselsteine, *calculi*, auf den Linien der Rechentafel hin und her schieben.

Feine Leute in Rom haben mindestens vier Namen. Manchen geht es noch schlimmer – sie haben fünf und noch mehr Namen, die sie sich merken müssen. Es gab sogar einmal einen Konsul mit sechsundfünfzig. Insofern bin ich nicht schlecht dran – ich habe nur drei: Lucius hört sich ja auch noch ganz gut an. Aber Ceionius ... Versucht mal, das auszusprechen! Die Leute zerbrachen sich die Zunge daran und redeten mich einfach mit den beiden anderen Namen an. Und dann wurde es schlimm!
„Aha", sagten sie, „Lucius Aurelius Commodus."
Waren sie Erwachsene, dann wurden sie verlegen, rückten ihre Toga zurecht und redeten mich mit Domine an. Sie glaubten allem Anschein nach, ich sei der Sohn des Kaisers Marcus Aurelius.
„Nein", sagte ich dann, „Sie irren sich. Ich bin nicht DER, den Sie meinen. Ich bin nur sein Neffe. Mein Onkel, der Kaisersohn LUCIUS AURELIUS COMMODUS, ist allerdings bloß vier Jahre älter als ich, bißchen komisch, finden Sie nicht? Aber wenn Sie mit mir reden, dann nennen Sie mich doch einfach Lukios!"

Ob die Leute wußten, daß LUKIOS die griechische Form vom lateinischen LUCIUS war, entzieht sich meiner Kenntnis. (Weil ich nämlich so gut Griechisch konnte, hatte man mich bald nicht mehr Lucius, sondern Lukios genannt.) Jedenfalls atmeten die Leute immer richtig auf, wenn sie das hörten, und benahmen sich wieder normal. Ich aber dachte jedesmal, den Göttern sei Dank, daß ich nicht der wahre Lucius Commodus bin, sondern nur der Neffe des zukünftigen Kaisers.
Die Kinder meines Alters in Rom wußten meistens nicht, wer ich hätte sein können, oder es war ihnen egal. Sie sagten höchstens: „Bist du DER, der auf den Münzen drauf ist?“ Zu allem Überfluß sah ich meinem Onkel zum Verwechseln ähnlich!
„Nein“, sagte ich, „ich heiße bloß genauso.“ Und ich flunkerte sogar ein bißchen: „Mit dem hab’ ich gar nichts zu tun.“
Dann waren die Kinder froh und genierten sich nicht mehr.

Das Porträt meines noch so jungen Onkels war schon damals auf vielen Münzen aufgeprägt, damit jedermann sein Aussehen kannte. Außerdem hingen in jedem Barbierladen, in jedem Gemüseladen, in allen städtischen Badeanlagen, beim Apotheker und wo auch immer – in den Städten und Dörfern, ja, im ganzen römischen Weltreich Bilder von Marcus Aurelius und seinem Sohn Lucius Aurelius Commodus.
Auch hier, in Kleinasien, sind die kaiserlichen Bildnisse häufig zu sehen.
Ach! Hier in Pergamon. Manchmal hab’ ich solches

Heimweh nach Rom ... Alles, was gewesen war, fällt mir dann wieder ein:
die Nacht, in der mein Freund Sextus sich das Bein brach, wie wir Wagenrennen spielten mit meinem Maultier und Commodus' lauchgrünem Rennwagen,
der „Klub der Raben",
Hyazinthus, unser Griechischlehrer, der in die Verbannung gehen mußte, als sich herausstellte, daß er ein Christ war.
Vor mehr als einem Jahr geschah das alles, als Calpurnius Piso und Salvius Julianus Konsuln waren (175 n. Chr.).
Doch will ich jetzt lieber anfangen, die Ereignisse der Reihe nach zu erzählen.

Der rätselhafte Korb

Schon seit Tagen tat Tante Fabia geheimnisvoll. Boten waren zu ihr gekommen und hatten hinter verschlossener Tür lange Gespräche mit ihr geführt.
Sie flüsterten im Speisezimmer mit meiner Mutter und Onkel Ummidius, ohne daß ich verstehen konnte, worum es dabei ging.
„Hast *du* den Papyrus mit dem Schiffsfahrplan weggenommen, Lukios?" fragte sie mich eines Tages scharf.
„Tigris hat ihn doch. Du selbst hast ihn ihm gegeben", verteidigte ich mich. „Willst du verreisen, Tante?"
Sie sah mich überrascht an. „Nein – das nicht. Ach, vergiß es wieder, es ist wirklich gar nichts Besonde-

res ...“ Das war die einzige Antwort, die ich erhielt. Sie errötete sogar leicht und verließ mit hastigen Schritten den in Rot gehaltenen Salon. Verdutzt und nun natürlich noch viel neugieriger als vorher blieb ich zurück.
Später hörte ich sie Onkel Ummidius fragen, der sich in derlei Dingen auskannte, wie lange wohl die Reise von Carthago nach Rom dauern könnte.
„Bei günstigem Wind braucht ein Schiff fünf Tage bis Ostia – dann mußt du einen Tag mit dem Wagen vom Hafen nach Rom dazuzählen. Du kannst ja zum Glück die kaiserliche Post für die letzte Wegstrecke benützen. Sie ist schnell und zuverlässig –“
Tante Fabia strich sich eine Strähne ihres dunkelroten, feingekräuselten Haars aus der Stirn und nickte.
„Wenn das Schiff nur schon da wäre“, sagte Onkel Ummidius und dann, nach einer kurzen Pause: „Ob es ihm helfen wird?“

Das Schiff traf am achten Tag vor den Kalenden des Mai (dem 23. April) in Ostia ein. Seit dem großen Fest der Göttin Isis im März, an dem im Hafen von Ostia feierliche Gelübde an Isis und den ägyptischen Schutzgott der Seefahrt Sarapis stattgefunden hatten, konnten die Schiffe wieder fahren. Denn im Winter, in der Zeit der großen Stürme, ist die Fahrt noch zu gefährlich.
Es war ein Eilschiff, und es hatte eine geheimnisumwitterte Fracht für Tante Fabia von Carthago nach Ostia gebracht – soviel und nicht mehr wußte ich am Morgen des siebten Tags vor den Kalenden des Mai (24. April), als sie mich und den armenischen Sklavenjungen Tigris zu sich rufen ließ.

Sie bat uns, für sie zum Trajansmarkt zu gehen, in den Laden eines gewissen Priscus. Dort sollten wir nur sagen, Ceionia Fabia habe uns geschickt, um den Korb abzuholen. Alles Weitere würden wir dort erfahren. Eigentlich hätte sie sich am liebsten von ihren Sklaven in der Sänfte dorthin tragen lassen, aber dummerweise müsse sie gerade heute an einer Opferprozession teilnehmen.
„Commodus wird auch dort sein“, fügte sie mit einem Seufzer hinzu. „Wenn er nur keinen Fehler beim Opfer macht. Jeder Versprecher gilt als übles Omen. Es dauert immer so lange, wenn man dann das ganze Gebet noch einmal wiederholen muß. Bei der Feier in Ostia hat er die Opferkelle fallen lassen und sich bei den Gebeten für die glückliche Überfahrt der Kornflotte nach Ägypten zweimal versprochen. Und er hätte sogar noch vergessen, sich die Toga über den Kopf zu ziehen, wenn Onkel Ummidius es ihm nicht im letzten Moment zugeflüstert hätte. Er tut mir leid, der Junge –“
Jetzt erinnerte ich mich wieder. Seit dem siebten Tag nach den Iden des Januar dieses Jahres (dem 20. Januar) war Commodus Mitglied in den vier großen Priesterkollegien geworden. Mit seinen dreizehn Jahren war er jetzt der jüngste Priester der ganzen Stadt. Vor jedem Festtag zitterte er seitdem, er könnte etwas falsch machen oder sich blamieren.
„Geh jetzt“, bat Tante Fabia und sah gar nicht mehr zu uns hin, so beschäftigt war sie damit, in den Spiegel aus glänzendem Silber zu sehen, den die Ornatrix, eine Frisiersklavin, ihr hinhielt, während eine zweite ihr mit langen elfenbeinernen Haarnadeln den Knoten feststeckte.

Tigris und ich machten uns auf den Weg. Es war noch früh am Morgen. Über den roten Ziegeldächern der Häuser in der Jupiterstraße wirbelten blaue Rauchwölkchen. Wir kamen am großen Doppeltempel der Venus und der Stadtgöttin Roma vorbei. Auf der Straße gingen Sklaven in die gleiche Richtung wie wir. Frühmorgens herrscht in ganz Rom Hochbetrieb. Jeder, der Beine hat, ist dann in seiner besten Kleidung, der schneeweißen Toga, unterwegs. Er eilt zum Morgenempfang seines Patrons. Einen Patron aber hat jeder – denn auch die Patrone selbst haben wieder einen Oberpatron, und der Oberpatron hat einen Oberoberpatron, zu dem er hingehen muß, nachdem er seine Klienten empfangen hat; das ist das Gerechte an der Sache. Der höchste Patron ist der Kaiser – er allein muß zu niemandem gehen. Er ist der einzige Mann in Rom, der nicht „Klient" ist. Ein Beispiel: Unser Freigelassener, Hyazinthus, muß morgens zum Empfang bei meiner Mutter und Tante Fabia vorsprechen. Anschließend gehen meine Mutter und Tante Fabia ihrerseits zum Empfang von Kaiser Marcus Aurelius oder – wenn er nicht da ist, zu dessen Sohn, Lucius Commodus, der ihn vertritt; den Empfang bei Commodus nehmen sie natürlich nicht so ernst, wie wenn Marcus Aurelius selbst da wäre, das ist klar.
Zweites Beispiel: Der Besitzer der Taverne „Zu den Sandalen des Herkules" geht morgens in aller Frühe zu seinem Patron Hyazinthus. Hyazinthus begrüßt die Freigelassenen, viele sind es nicht, und geht, wenn er fertig ist, zu Tante Fabia. Wozu so etwas gut ist? Wenn Tante Fabia alle ihre Klienten begrüßt hat, bittet sie einen Teil von ihnen, doch möglichst

zur fünften Stunde (10 Uhr 31 bis 11 Uhr 15) dabeizusein und zu klatschen, wenn sie bei der Eröffnung des neuerbauten Dianatempelchens ihre Rede halten wird. Hyazinthus wiederum bittet Tante Fabia um ein Empfehlungsschreiben an einen Senator, dessen Privatbibliothek er benutzen möchte. Wenn das erledigt ist, geht Tante Fabia zum Morgenempfang zu Commodus in den kaiserlichen Palast.

Die meisten Bretterverschläge an den kleinen Läden und Buden am oberen runden Ende des Trajanmarktes unter der Bibliothek waren noch geschlossen. Wir bogen in eine Seitenstraße ein und traten über eine steile, enge Steintreppe in das Gewölbe hinab, in dem Priscus seine Säcke mit Gewürzen und Ballen aus buntem Stoff aus Afrika und Asien aufbewahrte. Hier drinnen roch es angenehm nach indischem Zimt und Sandelholz. Tigris klopfte an die Tür zu Priscus' winziger Wohnung und stieß sie auf. Wir traten in einen kleinen Raum, der mit einem weichen Wollteppich ausgelegt war. In seiner Mitte hockte ein schmächtiger Mann mittleren Alters. Er trug ein kurzärmeliges, leuchtend grünes Gewand. Seine Arme waren mit goldenen Reifen geschmückt. Am rechten Oberarm war eine lange rote Narbe zu sehen. Er las in einem aufgerollten Papyrus, der mit griechischen Worten und Zeichnungen von wilden Tieren bedeckt war. Neben ihm stand ein großer geflochtener Korb. Sein Oberteil war mit einem wollenen Tuch bedeckt. Auf einem kleinen Tisch an der Seite brannte ein niederes Öllämpchen aus Ton mit sieben Dochten. Auf einem Mauervorsprung stand eine kunstvolle Wasseruhr aus hellem Glas.

„*Salve*“, flüsterte Tigris schüchtern und verbeugte sich tief.
„Die Domina Ceionia Fabia hat uns geschickt“, erklärte ich. „Wir sollen den Korb abholen ...“
Priscus sah kurz von seinem Papyrusbuch auf und wies mit seiner mageren sonnenfleckigen Hand auf den Korb.
„Da ist er. Gebt acht, daß das Tuch nicht herunterfällt“, sagte er, als sei dies schon alles. Dann beugte er sich auch schon wieder über seinen Papyrus und besah aufmerksam die Zeichnung eines Elefanten.
Von Neugier geplagt, nahm ich einen letzten Anlauf:
„Tante Fabia sagte, wir würden alles Weitere von Ihnen erfahren –“
„Nüsse“, brummte Priscus ohne aufzusehen, „viele Nüsse. *Valete*, stört mich nicht länger, ich bereite gerade einen neuen Transport vor, und die Zeit drängt. Sagt der Domina Ceionia Fabia einen schönen Gruß von mir.“
Im Korb raschelte es, als Tigris und ich ihn an den Griffen anhoben. Besonders schwer war er nicht.
„Nüsse! Habt ihr gehört? Viele Nüsse!“ rief Priscus noch hinter uns her.
Draußen auf dem weiten Platz vor den Markthallen mit dem vergoldeten Reiterstandbild des göttlichen Kaisers Trajan hielt ich es nicht länger aus.
„Tigris, laß mich bitte nachsehen, was in dem Korb ist –“
„Es könnten Schlangen drin sein“, warnte Tigris.
Meine Neugier war verflogen. Ich mag Schlangen nicht besonders. Gewiß, es gibt eine Menge Leute, die sie sich als Haustiere halten – aber mir sind

kleine gelbe Vögel von den Kanarischen Inseln oder britannische Ponys als Hausgenossen lieber.

„Warum ließe Tante Fabia sich per Eilschiff Schlangen aus Carthago kommen?“ überlegte ich laut.

Wir kamen zu keiner vernünftigen Antwort und hatten natürlich nicht den Mut, das Tuch wegzunehmen und den Deckel des geheimnisvollen Korbs zu öffnen.

Die Bäcker riefen bereits ihre Waren aus, und die Hirten, die noch in der Nacht mit ihren tönernen Milchkrügen aus der Umgebung in die Stadt gekommen waren, schrien: „Frische Milch! Käse! Frische Milch –“

Von ferne konnte man jetzt auch die Kinderschulen im Chor buchstabieren hören. Von überall her setzten sich die Hämmer und Sägen der Werkstätten am Straßenrand in Bewegung. Beim Überqueren der Straße mußten wir uns in acht nehmen, denn knarrende Wagen schleppten ungeheure Steinblöcke und Baumstämme, deren Last den Boden erschütterte. Wagen hätten tagsüber in der Stadt eigentlich gar nicht fahren dürfen, aber diese hier hatten eine Ausnahmegenehmigung, weil die große Bibliothek hinter dem Trajansmarkt umgebaut wurde. Schwerbeladene Lasttiere und Träger rannten die Fußgänger an. Von allen Seiten wurde man gedrängt, gestoßen, auf die Füße getreten. Am Eingang der Basilika klapperten die Geldwechsler mit kupfernen Assen, bronzenen Sesterzen und silbernen Denaren auf ihren schmutzigen Tischen. Eine Straßenecke weiter lockten indische Schlangenbändiger Zuschauer für ihre Vorstellungen an. Händler schoben ihre kleinen, von einem mageren Maultier gezogenen Karren an uns vorbei, auf denen sich Töpfe mit heißem Erbsenbrei und dampfenden Würsten befanden. Sklaven mit geflochtenen Einkaufskörben hasteten an uns vorüber. Eine Frau – sie war schon älter, und einen Moment lang dachte ich, sie sei eine Wahrsagerin, die uns für zwei Sesterzen aus der Hand lesen wollte – drängte sich auf uns zu.

„*Salve*, Caesar!“ rief sie. „Warte einen Moment, da, nimm diesen Brief –“

Ehe ich recht begriffen hatte, worum es ging, hielt ich ein leinenes Päckchen in der Hand. Die alte Frau hatte es mir gereicht. Sofort war sie wieder im Gedränge entschwunden.

Ein Brief für mich? Wer mochte ihn geschrieben haben?

Der Geruch nach heißem Erbsenbrei verflüchtigte sich, je näher wir in Richtung Jupiterstraße kamen. In der kühlen Eingangshalle unseres Hauses, Jupiterstraße, Haus der Diana, mit dem schwarz-weiß gemusterten Mosaikfußboden roch es nach welken Blumen, die wie jeden Morgen von den Sklaven aus dem Triclinium, dem großen Speisezimmer, weggeräumt wurden – und weiter innen nach Farbe, denn die Wohnzimmer wurden gerade von einer Malerfirma neu gestrichen und nach der neuesten Mode bemalt. Die noch schlaftrunkene Dienerschaft unseres Hauses, bewaffnet mit einer Unzahl von Eimern, Wischtüchern, Leitern zur Deckenreinigung, Flederwischen und Besen, teils aus grünen Palmen, teils aus Feldmyrtenreisern gebunden, war schon an der Arbeit. Einige Sklaven streuten Sägemehl auf den Mosaikboden und kehrten es anschließend mit dem

Schmutz fort, mit dem es sich verbunden hatte. Der kleine Euphrat putzte mit einem großen Schwamm mit verbissenem Eifer die Pfeiler und Simse blank. Mit rauher Stimme schrie der Oberaufseher der Sklaven Befehle in das Durcheinander.
„Putz die Säule sauber“, brüllte er Euphrat an. „Wisch mit dem Tuch dort die vertrocknete Spinne fort!“
Tigris und ich stellten den geheimnisvollen Korb wie versprochen in Tante Fabias Zimmer ab.
Danach ging auch Tigris an seine tägliche Arbeit. Er sollte Euphrat dabei helfen, den Mosaikboden im Speisezimmer mit nassem Sand zu scheuern, damit er am Abend glänzte.
Ich ging in den Stall hinunter, in dem mein Maultier stand. Es mußte noch gefüttert werden. Davon abgesehen war der Pferdestall der ideale Ort, um Briefe zu lesen.
Ich setzte mich auf einen Ballen Stroh und streckte die Beine lang, um den Brief in aller Ruhe genießen zu können. Da erst bemerkte ich meinen Irrtum.
Das Leinenpäckchen enthielt ein zusammengefaltetes schmutziges Stück Papyrus, auf dem von außen gerade soviel zu sehen war:

An
den Caesar L. AVRELIVS
COMMODVS *streng geheim*

Wieder einmal hatte man mich mit meinem Onkel, Lucius Aurelius Commodus, verwechselt. Nicht zum ersten Mal. Und wohl auch nicht zum letzten Mal.

„Der glücklichste Junge der Welt", und was ich davon halte

„Der glücklichste Junge der Welt", der ist Lucius, mein Onkel, bestimmt nie gewesen, obwohl die „Kaiserlichen Hofkommentare" und andere Zeitungen es geschrieben haben.

Commodus und ich gingen nämlich lange Zeit in die gleiche Klasse und lernten zusammen Griechisch bei Hyazinthus. Hyazinthus war klein, mager und schon älter, fast sechzig Jahre alt. Er hatte graue Augen und dunkles kurzgeschnittenes Haar. Entgegen der Mode trug er keinen Bart. Früher war er ein guter Sportler gewesen, in Boxkämpfen hatte er sogar Preise gewonnen. Seit dieser Zeit stand seine Nase schief, was ihm manche Spöttelei eingetragen hatte. Auf seinen langen schmalen Händen waren braune Flecken. Sein Latein war schlecht und fast unverständlich durch die vielen griechischen Ausdrücke, die er mit ihm vermischte. Von Geburt war er ein griechischer Sklave gewesen, bis mein verstorbener Vater ihn durch Testamentsbeschluß freigelassen hatte. Hyazinthus war der Meinung, wenn er nur Griechisch mit uns spräche, würden wir ihn sehr bald mühelos verstehen. Natürlich irrte er sich da ... Lucius Aurelius Commodus war dreizehn, ich erst

neun. Außerdem war seine elfjährige Schwester Cornilla in der Klasse, ebenso mein Freund Sextus, der so alt wie ich ist. Größer war die Klasse nicht. Die „Schule“ in den Räumen des kleinen Pädagogiums in der Jupiterstraße, nur ein paar Steinwürfe hinter dem eigentlichen Palast, am Fuße des Palatin gelegen, war privat. Natürlich wurde Hyazinthus sehr viel besser bezahlt als irgendein gewöhnlicher „Magister“, der normalerweise mit der lächerlichen Bezahlung von acht Assen je Kopf und Monat entlohnt wurde und deshalb seinen Lebensunterhalt noch mit der untergeordneten Beschäftigung als öffentlicher Schreiber verdienen mußte. Hyazinthus hatte es durch seine Tätigkeit sogar zu einem netten kleinen Vermögen gebracht – er besaß zwei Sklaven und ein paar Freigelassene.
Es genierte Lucius Commodus sehr, daß er noch mit uns Jüngeren zusammen lernen mußte. Aber er war in Griechisch so schlecht, daß er unmöglich bei den Großen bleiben konnte.
Dafür war er im Fechten der Beste.
Wenn er Vokabeln lernen sollte, spielte er lieber Wagenrennen mit den Zwillingsbrüdern Euphrat und Tigris. Die beiden und mein Maultier ließ er dann immer heimlich zu sich in den Palast holen. Sie mußten allerdings in einer entfernten Ecke des Palastgartens spielen, und eigentlich durfte Commodus gar nicht mit ihnen umgehen, weil sie ja nur Sklaven mit einem einzigen Namen waren und weil er doch später einmal Kaiser werden sollte. Commodus töpferte leidenschaftlich gern – auch darüber lächelten die Erwachsenen. Dabei konnte ich ihn ganz gut verstehen; denn der Unterricht bei Hyazin-

thus war nicht übermäßig interessant. Wir mußten langweilige Texte von Platon übersetzen, große Teile der Odyssee auswendig lernen und kleine Reden auf Griechisch halten. Commodus mußte außerdem den ganzen Morgen lang bei verschiedenen anderen Lehrern gutes Benehmen, Lateinischen Ausdruck und Redenhalten, Rhetorik, lernen. Mittags hatte er Reitunterricht und übte fechten – für ihn war das wie eine Erholung. Abends hatte er schriftliche Aufgaben für den nächsten Tag zu erledigen.
Im Gegensatz zu ihm führten wir anderen fast ein freies Leben. Wir lernten morgens Griechisch und schrieben manchmal einen lateinischen Aufsatz. Einmal in der Woche pflegte Tante Fabia mich abzuhören.

Wie mein Onkel Commodus damals aussah, das wißt ihr ja alle. Ihr braucht nur eine Münze aus der Tasche zu ziehen, dann seht ihr ihn im Profil vor euch: mit seinem kurzgeschnittenen gewellten Haar, der langen schmalen Nase, den stark hervortretenden Augen und den leicht aufgedunsenen Wangen.

Unsere Familie ist ziemlich groß. Meine zahlreichen Tanten, Onkel, Cousinen und Cousins auseinanderzuhalten, fällt mir sogar heute noch schwer ...
Zu der Zeit, in der meine Geschichte spielt, im Jahr, als Calpurnius Piso und Salvius Julianus Konsuln waren (175 n. Chr.), waren noch fünf Kinder meiner Großeltern, des Kaisers Marcus Aurelius und der Kaiserin Faustina, am Leben: Damals hatte Lucius Aurelius Commodus also noch zwei ältere Schwestern, nämlich meine Mutter Lucilla und meine

Tante Fadilla, und zwei jüngere, Cornilla und Sabina.
Dazu kam eine unübersehbare Schar von Tanten, die sich liebevoll um den Kaisersohn bemühten und ihn mit selbstgebackenen Süßigkeiten vollstopften. Sie alle, allen voran aber meine Tante Fabia mit ihren roten Locken, ihren erstklassigen Manieren und ihrer in ganz Rom sprichwörtlichen kandierten Gallier-Torte, sie alle verfolgten mit leidenschaftlichem Interesse seine kleinen Erfolge und seine größeren Mißerfolge auf der Schule.
Für mich, Lukios, interessierten sie sich weniger. Die vielen Fragen, die ich ihnen bei allen möglichen und unmöglichen Gelegenheiten stellte, fanden sie lästig. Meine Mutter Lucilla war meistens in Eile und hatte für mich wenig Zeit. Dafür gab es gute Gründe: Seit sechs Jahren war mein Großvater Marcus Aurelius nicht mehr in Rom gewesen, sondern hatte ohne Unterbrechung hoch im Norden an der Donaugrenze des Imperium Romanum – des Römischen Kaiserreichs – Krieg gegen die wilden Stämme der Germanen und Sarmaten geführt.
Hätte es nicht die vielen Statuen aus Erz und Marmor und die vielen schreiend bunten Bilder an den Wänden gegeben, die ihn im purpurroten Feldherrnmantel mit dem Lorbeerkranz auf dem Kopf zeigten – ich hätte ebensowenig wie Lucius gewußt, wie er überhaupt aussah.
Meine Großmutter Faustina, eine schon ältere, aber resolute Dame mit graumeliertem Haar, das sie zu einem Knoten hochgesteckt trug, war mehrmals bei ihm in den Feldlagern; denn sie reiste gern. Sie hatte deshalb auch den Ehrennamen *Mater castrorum,*

Mutter der Lager, erhalten. Meistens aber hielt sie sich in Rom auf und kümmerte sich, unterstützt von Leuten wie Onkel Ummidius, den jeweiligen Jahreskonsuln, meiner Mutter Lucilla und einigen ehrgeizigen Senatoren, um die Regierungsgeschäfte. Auch meinen Stiefvater, den Claudius Pompeianus, kannte ich eigentlich nur vom Hörensagen – in der Stadt wurde viel von ihm erzählt. Er sei ein tüchtiger General und weiche nicht von der Seite des Kaisers. Als er zuletzt vor drei Jahren ganz kurz in Rom gewesen war, hatte er mir über den Kopf gestrichen und gesagt: „Nur weiter so, mein Sohn." Das hatte großen Eindruck auf mich gemacht, obwohl ich mich sonst fast nicht mehr an ihn erinnern konnte. Er war groß und hager und kahlköpfig.

Wir hatten kein Familienleben, so wie andere Familien es haben, trotz unserer großen Familie.

Mit seinen dreizehn Jahren war Lucius noch ein Kind, ich mit meinen neun dagegen war der Meinung, ich sei vor einem Jahr erwachsen geworden.

Vor einem Jahr, als Aurelius Gallus und Flaccus Cornelianus Konsuln waren (174 n. Chr.), war die Sache in Centumcellae passiert, die ich kurz berichten möchte. Sie scheint nicht sehr viel mit der Geschichte zu tun zu haben, die ich erzählen will. Dennoch finde ich sie wichtig genug, um sie hier zu erwähnen:

In den Sommerferien hatte man meinen kaiserlichen Onkel und mich zwei Tage lang allein, ohne Pädagogen, mit den Sklaven und ein paar Hunden, in der riesigen Sommervilla auf den Felsen über dem Meer außerhalb der Stadt gelassen.

Nachmittags wollten wir zur gewohnten Stunde im

Caldarium, dem Warmbad, baden. Doch schon gleich als wir ins Wasserbecken stiegen, merkten wir, daß das Wasser viel zu kalt war. Und sofort kam auch mit lautem Gejammer der verantwortliche Sklave gelaufen und versuchte sich zu entschuldigen, der Heizofen habe nicht funktioniert. Das Holz sei nicht trocken genug gewesen, er sei nicht schuld. „Hab Erbarmen mit deinem Sklaven, Domine!" flehte er. Er fürchtete, der Caesar würde ihn auspeitschen lassen – die normale Bestrafung für einen Sklaven, dem ein Mißgeschick unterlaufen war.
Lucius Commodus bekam einen roten Kopf, stampfte mit dem Fuß auf und schrie: „Ihr da, steht nicht dumm herum und gafft! Los, werft ihn in den Ofen! Dann werden wir ja alle sehen, ob der brennt!"
Die anderen Sklaven, die um uns herumstanden – Euphrat war übrigens auch dabei –, grinsten zuerst. Aber plötzlich begriffen wir alle, daß es ein Befehl war, und daß er ernst gemeint war, todernst.
„Worauf wartet ihr noch?" fragte Commodus. Seine Stimme war nun wieder ganz ruhig. „Werft diesen Mann sofort in den Heizofen. Wenn ihr es nicht tut, werde ich euch alle auspeitschen lassen." Der alte Sklave, dem das Unglück passiert war, zitterte wie Espenlaub.
„Lucius, sei vernünftig, du darfst ihn nicht töten", rief ich, „beim Jupiter, bei Juno und Minerva! Der göttliche Antoninus Pius hat ein Gesetz erlassen, das verbietet, einen Sklaven ohne Gerichtsurteil zu töten." Dieses Gesetz war mir eben noch rechtzeitig eingefallen. Hyazinthus hatte mir einmal von ihm erzählt.

„Du bist ein Dummkopf!“ brüllte Lucius. „Wenn ich in ein paar Jahren Augustus bin, dann werde ich selbst Gesetze erlassen.“ Er bekam wieder einen krebsroten Kopf und schrie immer lauter. Ob wir uns seinen Befehlen also offen widersetzen wollten? Eines Tages würde er Kaiser sein, und jetzt schon läge es in seiner Macht, alle diese Sklaven öffentlich auspeitschen zu lassen. Das stimmte wirklich. Vor Entsetzen fing ich auch noch an zu weinen.
Die Sklaven tauschten verstohlene Blicke untereinander. Schließlich taten sie so, als führten sie Commodus' Befehl aus. Es gelang ihnen, ihren Gefährten in einem Wandschrank zu verstecken, und statt seiner warfen sie dann ein Schaffell in den Ofen. Es verbrannte mit scheußlichem Gestank.
Auch Lucius roch ihn, fest davon überzeugt, der alte Sklave sei bei lebendigem Leib verbrannt worden. Er schien zufrieden zu sein.
„Es ist besser so“, sagte er. „Der hat nun seine gerechte Strafe bekommen.“
Aus schreckgeweiteten Augen starrte ich ihn an. Es war schwer für mich zu verstehen, daß er das „Recht“ haben sollte – er, ein dreizehnjähriger Junge –, das Leben eines Menschen zu vernichten. Ich empfand Mitleid mit dem Sklaven im Wandschrank.
An diesem Tag sah ich ein, daß etwas falsch sein mußte an einer Welt, in der es Sklaven gab, mit nur einem Namen und ohne Recht, und Senatoren mit sechsundfünfzig Namen und meinen dreizehnjährigen Onkel Commodus mit dem Recht, Sklaven peitschen zu lassen und zu töten, wenn er wollte.
Ich erzählte die Sache später Hyazinthus. Seltsamerweise war er nicht einmal übermäßig überrascht.

„Wie konnte Commodus so gemein sein“, sagte ich. Hyazinthus schüttelte den Kopf und antwortete: „Den Erwachsenen muß man Vorwürfe machen. Sie reden viel zu oft davon, daß Commodus bald sehr viel Macht haben wird. Lucius Commodus ist nur zu dem geworden, zu dem sie ihn gemacht haben.“

Bobo

Doch zurück zu unserem Alltag, zurück ins Pädagogium in der Jupiterstraße.
Am nächsten Morgen (dem 25. April des Jahres 175 n. Chr.), berichtete uns Lucius Commodus voller Stolz, wie gut er seine priesterlichen Verpflichtungen gestern bei dem feierlichen Opfer erfüllt habe. Der dicke Quintian, Sextus und ich beglückwünschten ihn. Dann gab ich ihm noch schnell den Brief, den die alte Frau in der Stadt mir zugesteckt hatte.
Er las ihn, ohne eine Miene zu verziehen. Doch in der darauffolgenden Griechischstunde war er auffallend zerstreut und kritzelte mit seinem bronzenen Griffel kleine Löwen auf das Wachstäfelchen, das auf seinen Knien lag. Immer wieder wanderten seine Blicke zum Fenster hinaus, von dem man auf den Circus Maximus sehen konnte mit seiner langgestreckten Rennbahn und den beiden schlanken Obelisken.
„Pertinax wird beim nächsten Rennen wieder gewinnen. Dann werden seine Hufe vergoldet, und eine goldene Decke wird er bekommen“, flüsterte er mir zu.

In seinen aus Weiden geflochtenen Stuhl zurückgelehnt, erzählte uns Hyazinthus, wie wichtig es sei, Sprachen zu lernen: „Glaubt mir, heutzutage ist man verloren, wenn man kein Griechisch spricht. Die halbe Welt beherrscht diese Sprache – jeder griechische Sklave kann sie besser als du, Lucius Commodus! Alle besseren Schriftsteller schreiben ihre Bücher auf Griechisch, nicht mehr lateinisch wie früher. Denkt nur an die lustigen Geschichten des Schriftstellers Lukian –“

Ein breites Grinsen ging über Commodus’ Gesicht. „Ich hab’ einen Sklaven, der sie mir übersetzt“, sagte er halblaut, so daß Hyazinthus es hören mußte, „und außerdem mach’ ich mir nichts aus Büchern. Ich seh’ lieber Wagenrennen an –“

„So einen Onkel hast du, kleiner Lukios“, sagte Hyazinthus, leisen Spott in der Stimme, „nimm dir bloß kein Beispiel an ihm . . . Die Stunde ist vorüber, ihr könnt jetzt gehen.“

Gerade packte ich meine mit Wachs beschichtete Schreibtafel aus Lindenholz und den Stylos, den Griffel, ein, da kam Commodus auf mich zu: „Du, ich zeig’ dir was –“

„Ein britannisches Pony?“

„Nein, etwas viel Schöneres –“

„Ich will mit!“ rief Cornilla.

„Nichts für Mädchen!“ Commodus gab sich ruppig.

Cornilla lachte ihn aus und ging trotzdem mit uns. Zwei von den äthiopischen Leibwächtern meines Onkels gingen unauffällig hinter uns her, während wir durch den großen Garten in den Teil des Palastes liefen, wo der Caesar wohnte. Sie hatten die Arme auf dem Rücken verschränkt und warfen

wachsame Blicke um sich. Als Commodus sie bemerkte, streckte er ihnen die Zunge heraus. Durch einen langen unterirdischen Gang mit weiß-schwarz gemustertem Mosaikfußboden kamen wir in sein geräumiges Zimmer mit dem Leopardenfell auf dem Boden, an dem der Kopf noch hing – er war ausgestopft, und die Augen sahen aus, als lebte der Leopard noch.
Ihr lieben Götter, was hätte ich darum gegeben, diesen lauchgrünen Rennwagen in der Ecke mein eigen zu nennen! Und der Kriegselefant aus Ton mit Rädern unter den Beinen und den tückischen kleinen Glasaugen, fand ich, war auch nicht zu verachten ...
Außerdem gehörten Commodus eine Gladiatorenuniform mit einem Dreizack und einem Fangnetz und eine Rennfahreruniform in Grün, die er mir manchmal freundlicherweise auslieh.
Jemand lachte gellend, als wir eintraten, jedenfalls hörte es sich so an. Verwirrt sah ich mich um.
„Das ist Bobo", sagte Cornilla.
In einem vergoldeten Käfig auf dem großen Tisch mit den Bronzefüßen saß ein graues Etwas, das immer wieder in schallendes Gelächter ausbrach. Eine behaarte Hand streckte sich zwischen den Stäben hindurch.
„Was ist das?" fragte ich erschreckt.
Cornilla öffnete die Tür des Käfigs. „Komm her, Bobo", lockte sie.
Ein richtiger Affe! Bobo kletterte auf ihre Schulter und zog sie mit seinen kleinen Händen an den Zöpfen. Im Gesicht war er weiß, seine Augen waren braun und sahen jetzt fast traurig aus. „Geschenk

von Tante Fabia“, erklärte Commodus, „weil ich mich diesmal beim Opfergebet kein einziges Mal versprochen habe.“
Kichernd erzählte er noch, daß die Feier trotzdem wiederholt werden mußte, weil der Opferstier ausgebrochen sei, das übelste Vorzeichen, das es gibt! „Onkel Ummis Gesicht hättest du dabei sehen müssen! Der Stier rannte einfach los und warf sogar ein paar von den Opferdienern um, die ihn halten wollten. Es dauerte ziemlich lang, bis sie ihn wiederhatten ... Der Affe ist aus Afrika.“
Er fütterte Bobo jetzt mit einer Nuß, die er für ihn mitgebracht hatte. Da plötzlich begriff ich: Tigris und ich hatten gestern also Bobo vom Tierhändler Priscus am Trajansmarkt mit eigenen Händen abgeholt. Und jetzt – gehörte er Commodus. „Mir hat Tante Fabia noch nie so etwas Tolles geschenkt –“ Meine Stimme begann zu zittern. Ich empfand so etwas wie Neid. Bobo schmatzte; es schien ihm zu schmecken.
Als er fertig war, streckte er wieder seine braune Hand durch die Stäbe.
„Ein britannisches Pony wäre mir lieber gewesen“, maulte mein Onkel, „ich mach' mir nämlich gar nichts aus Affen.“
Prüfend sah er mich an. „Gefällt er dir? Etwas anderes: Lukios, ich glaube, du bist der einzige, der mir helfen kann ... Ich muß noch zwei lateinische Aufsätze schreiben und weiß nicht, wie ich das bis übermorgen schaffen soll. Für dich wäre es eine Kleinigkeit. Du würdest mir einen riesigen Gefallen tun, wenn du sie für mich schreiben würdest –“
„Ich? Aber das kann ich doch gar nicht –“

„Und ob du's kannst", sagte Commodus mit Bestimmtheit.
„Aber warum schreibst du sie nicht selbst?"
„Bitte geh mal kurz raus, Cornilla. Wehe, du petzt!"
Cornilla verschwand mit wütendem Gesicht.
„Ich hab' keine Zeit", sagte Commodus stolz, als sie draußen war. „Heute nachmittag habe ich eine wichtige Verabredung." Ich bildete mir ein, meinen Onkel sehr genau zu kennen. Tante Fabia hat einmal zu mir gesagt, ich sei ungewöhnlich pfiffig und besäße für mein Alter bereits eine große Menschenkenntnis. Ich bemerkte, wie Commodus sich seine rötlichbraunen Haare aus der Stirn strich und dabei leise vor sich hin pfiff – ein untrügliches Zeichen dafür, daß er sehr nervös war. Immer, wenn er sich aufregte, fing er nämlich an, leise vor sich hin zu pfeifen. Wer ihn nicht näher kannte, hielt dies Pfeifen für ein Zeichen von Unbekümmertheit oder Sorglosigkeit. Ich aber wußte nur zu gut, daß Lucius Commodus in solchen Momenten versuchte, seine innere Unsicherheit nach außen hin zu überspielen. Meine Neugierde erwachte. „Was für eine Verabredung?" wollte ich wissen.
Mein Onkel drehte und wand sich, ich war offensichtlich auf einer Spur.
„Das kann ich dir nicht erklären. Dazu ist die Sache viel zu kompliziert."
„Eben deshalb", beharrte ich. Nun war ich im Vorteil. Commodus war der, der etwas wollte. An mir lag es, seine Bitte zu erfüllen. Ich war bereit, die beiden Aufsätze für ihn zu schreiben. Doch vorher wollte ich erfahren, welchen finsteren Geschäften er heute nachmittag nachjagen würde . . .

Und ich würde es aus ihm herauskriegen!
„Also?"
„Ich will mich mit einem richtigen Tierkämpfer treffen", flüsterte er nun. „Davon darf aber niemand etwas erfahren. Ich will mich mit ihm treffen, und er bringt mir dann ein paar Tricks bei, für die Löwenjagd. Das hat er mir versprochen. Wenn Pito mich erwischt, gibt's natürlich einen Krach –" Ich nickte. Pitolaos, von uns immer nur „Pito" genannt, war der Obererzieher meines Onkels. Selbstverständlich hätte er es nie geduldet, daß der Sohn des Kaisers sich mit einem Gladiatoren traf, um mit ihm Gespräche über die Jagd von wilden Tieren zu führen ... Und wenn Tante Fabia es erführe – nicht auszudenken, wie sie sich aufregen würde!
Beim Herkules, dachte ich, ein richtiger Tierkämpfer ... Einer von den verwegenen Gesellen, die in der großen Kaserne, Ludus Matutinus genannt, beim Kolosseum wohnten. Mit tätowierten Armen und schrecklichen Narben auf der Brust ... Gespräche über die Löwenjagd ... Mit einem Mal schossen mir Tränen in die Augen. Ein Gefühl von Neid überrollte mich wie eine Welle. Ganz Rom, die ganze Welt schienen Commodus verwöhnen zu wollen – Lucius Aurelius Commodus wohlgemerkt, nicht Lucius Ceionius Commodus! Nicht mich. Plötzlich kam ich mir klein und schäbig vor.
„Wie sieht er aus?" stieß ich hervor, nur um etwas zu sagen.
„Wie er aussieht? Wie soll ich das wissen?"
„Aber – ich denke, du kennst ihn –"
Commodus lachte. „Wenn das so einfach wäre ... Ich habe die Möglichkeit, einen Tierkämpfer ken-

nenzulernen, verstehst du? Er hat mir einen Brief geschrieben –"
„Ist es der Brief, den ich dir in der Griechischstunde gegeben habe?"
„Der ist es! Der Mann heißt Jullus. Ich möchte den Brief jetzt unter meinem Bett verstecken. Willst du ihn vorher schnell lesen?"
Atemlos nickte ich. Immerhin verspürte ich in diesem Augenblick auch ein Gefühl von Dankbarkeit gegenüber Lucius Commodus, der mir so großzügig Einblick in seine Geheimnisse zu gewähren bereit war. Ich an seiner Stelle wäre vorsichtiger gewesen ...

Der Brief des Gladiators

Der Brief eines Gladiators!
Damit hier kein Mißverständnis entsteht: auch mir war von meiner Mutter und Tante Fabia natürlich streng verboten worden, mich mit Fechtern und Tierkämpfern oder Wagenlenkern zu unterhalten ... Vermutlich fürchteten die beiden, ich könnte auf den Geschmack kommen und daran denken, eines Tages selbst Wagenlenker oder Gladiator zu werden. Denn von meiner Zukunft hatten sie ganz andere Vorstellungen.
„Lukios wird mal Politiker", sagten sie immer wieder, als sei daran schon jetzt nichts mehr zu ändern, während ich insgeheim meine eigenen Pläne schmiedete ...
„Es wird damit anfangen, daß er ein Jahr lang die

Sorge für die städtische Müllabfuhr übernehmen wird, danach kommt er ins Amt für Straßen, Brükken und Verkehrswesen, dann ins Amt für öffentliche Badeanstalten und Wasserleitungen und dann –"
„Er kann sogar Konsul werden", sagte an dieser Stelle Tante Fabia zu meiner Mutter, die darauf erwiderte: „Eines Tages wird cr Statthalter einer Provinz sein, von Kleinasien vielleicht oder von Obergermanien, und wenn er tüchtig ist, kann er ein zweites Mal Konsul werden – *Consul iterum* . . ."
Meine Pläne waren jedenfalls andere . . . Ich wußte sehr genau, warum ich so eifrig Griechisch lernte. Aber ich verriet keinem Menschen, was ich vorhatte. Höchstens Hyazinthus ahnte vielleicht etwas.

„Also – das ist er –", mit diesen Worten zog Commodus ein schmutziges Stück Papyrus aus den Falten seines Gewandes hervor. Es war vorher schon einmal zum Schreiben benutzt worden; der Schreiber hatte die Tintenschrift seines Vorgängers nur flüchtig mit einem nassen Schwamm abgewischt. Papyrus ist in Rom ziemlich teuer, da er zu den Waren gehört, die aus Alexandria in Ägypten eingeführt werden. Mühsam entzifferte ich den Brief:

Jullus an den Caesar Lucius Commodus
Ich habe gehört, du interessierst dich für Löfenkampf, Wagenrennen und änliches.
Ich verstehe nur was von Löfenkamf, weil ich ein guter Tierkämfer bin. Wohne in der großen Kaserne am Kolosseum. Mer kann ich dir für heute aber nicht fon mir ferraten, es ist nämlich strenge Geheimhaltung nötig.

Nimant darf etwas fon disem Brief erfaren! Sonst fliegt alles auf und das darf nicht sein!
Kann dir jedenfalls ein paar gute Tricks ferraten, wenn du spähter mal Löfen jagen willst.
Weiß nicht, wann du Zeit hast und op du überhaupt Indresse daran hast, aber ich werde in den nächsten zwei Wochen jeden Nachmittag zur neunten Stunde am Neptun Brunnen auf dich warten.
Komm unbedingt alein! Sag niemandem was fon diesem Brief.

Jullus

„Es ist die Chance für mich!" rief Commodus aufgeregt.
„Findest du nicht, daß es ein merkwürdiger Brief ist?" murmelte ich, während ich mir den Kopf zermarterte nach einem Gladiatoren, der gegen Löwen kämpfte und Jullus hieß... Mein Gedächtnis ist sehr gut. Und dennoch fiel mir zunächst keiner ein!
„Es gibt doch gar nicht so viele Tierkämpfer, die im Löwenkampf ausgebildet sind", überlegte ich weiter.
Commodus' Augen leuchteten begeistert.
„Ich hab' mal einen gesehen, der einen Bär mit bloßen Fäusten erledigt hat. Das war bei dem großen Gladiatorenspiel im letzten Jahr. Vor vielen Jahren hat es einen ganz berühmten Mann gegeben, der dem Löwen, ehe er ihn getötet hat, einen Mantel über den Kopf warf –"
„Und der hieß Jullus! Jetzt fällt es mir wieder ein. Jullus!" rief ich.
„Ja, richtig. Aber seit vielen Jahren ist er nicht mehr in Rom. Was mag aus ihm geworden sein?"
„Vielleicht ist er längst tot?"

„Nein, Lukios, davon hätte man etwas gehört. Wahrscheinlich ist er nach Antiochia gegangen oder nach Afrika und bildet dort junge Löwenkämpfer aus –"
„Seltsam, wirklich seltsam ... Es ist nicht gesagt, daß unser Jullus der berühmte Löwenkämpfer gleichen Namens ist. Er könnte auch ein Anfänger sein, der mit dem berühmten Namen schneller bekannt werden möchte –"
Natürlich wußte ich die Namen der stadtbekannten Helden der Arena fast alle auswendig. Aber ausgerechnet im Löwenkampf kannte ich mich nicht so gut aus. Die Scheinkämpfe zwischen zwei Fechtern, die mit stumpfen Waffen aufeinander losgingen, mochte ich. Elefantenjagden sah ich auch ganz gerne, aber Löwenkämpfe liegen mir nicht so, vielleicht, weil sie besonders grausam sind und sehr oft mit dem Tod des Gladiators enden. In der Arena habe ich sogar schon einmal ein Tigerpferd aus Afrika gesehen* und eine Giraffe mit einer Glocke um den Hals! „Außer dem berühmten Löwenkämpfer kenne ich keinen Jullus", sagte ich.
„Und wenn er es wirklich wäre? Jedenfalls ist es doch richtig nett von ihm, daß er mir ein paar Kniffe beibringen will, wer weiß, wozu man so etwas später mal brauchen kann –" Das war wieder einmal typisch unser Lucius Commodus!
„Da lachen ja die Hühner!" knurrte ich, ärgerlich über soviel Vertrauen dem unbekannten „Gladiatoren" Jullus gegenüber. „Ich glaube, du solltest nicht allein zum Neptun-Brunnen gehen. Nimm noch jemand mit –"
„Glaubst du, ich hätte Angst?" fragte Commodus trotzig.

* Mit „Tigerpferd" meint Lukios ein Zebra.

„Nimm mich mit“, schlug ich vor.
„Kommt gar nicht in Frage. Im Brief steht doch, daß niemand etwas von unserem Treffen erfahren soll –“
„Na bitte“, sagte ich, „dann geh ruhig allein.“
„Ich erzähl’ dir später, wie es war“, versprach Commodus. „Ich hab’ dir die Sache so genau erklärt, damit du verstehst, warum ich die Aufsätze auf keinen Fall schreiben kann –“
„Na, dann will ich kein Spielverderber sein“, sagte ich mit einem Seufzer. „Die Sache mit den Aufsätzen bring’ ich in Ordnung.“
„Ehrenwort?“
„Ehrenwort.“
„Und du wirst schweigen wie eine Pyramide?“
„Wie eine Pyramide.“
Lucius Commodus drückte mir die Hand und deutete auf Bobo. „Den kannst du dir mitnehmen, als Belohnung. Ja wirklich, guck nicht so komisch, jetzt gehört er dir. *Manus manum lavat* – eine Hand wäscht die andere . . .“
In diesem Augenblick wäre ich meinem Onkel am liebsten um den Hals gefallen, so sehr freute ich mich.
„Vielen, vielen Dank“, stammelte ich immer wieder und nahm Bobo auf den Arm. Er fühlte sich leicht an und schien sofort Vertrauen zu mir zu haben.
„Ich habe zu danken“, sagte Commodus und lächelte. „Jetzt kann ich unbesorgt zu Jullus gehen.“
Zu Jullus gehen . . . Unbesorgt?
„*Vale*“, murmelte ich, schon wieder nachdenklich, als ich ging. „Und viel Glück – *feliciter* . . .“

Zu Hause, Jupiterstraße, Haus der Diana

Tante Fabia gurgelte gerade mit heißem Honigwasser, als ich nach Hause kam, und gab dabei mitleiderweckende Töne von sich. Trotz der vorgerückten Jahreszeit kurierte sie immer noch ihre alljährliche Wintererkältung aus. Übrigens war es für die Jahreszeit zu kalt. Wir hatten immerhin bereits den sechsten Tag vor den Kalenden des Mai. Bobo schnatterte auf meinem Arm vor Kälte. In Afrika war es sicher wärmer gewesen ... Überall roch es unangenehm nach Farbe. Die Malerfirma war dabei, die Innenräume neu auszumalen. „Geh rüber in den Roten Salon", rief meine Tante mir mit ihrer tiefen dunklen Stimme zu. Bobo hatte sie noch nicht bemerkt. „Onkel Ummidius ist da!"

Im Roten Salon war es kühl – unser Haus ist schon älter, und wir haben deshalb leider nur im Bad Fußbodenheizung. Meine Mutter und Onkel Ummidius saßen neben dem Kohlebecken und wärmten sich. Mit Rücksicht auf die Witterung trug Onkel Ummi zwei Tuniken aus dickerem weißen Wollstoff übereinander und hatte die Füße mit Bandagen umwickelt. Natürlich hatte er auch wieder seine Perücke aufgesetzt, die einer der geschicktesten Friseure Roms einmal in der Woche für ihn zurechtmachte. Es war ein kostbares Stück mit üppigen Locken, die Onkel Ummi selbst längst nicht mehr besaß.
Ich begrüßte meinen eleganten Onkel freudig und nicht ganz ohne Hintergedanken. Genauer gesagt, ich dachte an die Aufsätze, mit denen ich mir den Affen Bobo verdienen sollte.

Onkel Ummi besaß eine gute Portion Humor, er war klug wie Odysseus und redegewandt wie Demosthenes. Es war nicht ausgeschlossen, daß ich ihn vielleicht dazu begeistern könnte, die Aufsätze statt meiner zu verfassen ...
Vorsichtig mischte ich mich in die Unterhaltung ein: „Commodus hat fünf Leibwächter nur für sich allein. Findet ihr nicht, daß ich auch einen brauchen könnte? Wenigstens einen –"
„In ganz Italien gibt es keinen Menschen, der ein Interesse daran hat, ausgerechnet dich zu töten oder zu entführen. Bei dem Kaisersohn ist das etwas anderes, wir zittern alle um ihn –", sagte meine Mutter. Sie hatte wie meine Großmutter Faustina ihr Haar zu einem Knoten im Nacken hochgesteckt und hatte heute ihre germanischen Pelzschuhe an.
Ich war mir nicht ganz sicher, ob ich geschmeichelt oder gekränkt sein sollte. In diesem Moment kam Tante Fabia herein. Bobo sehen und einen entrüsteten Schrei ausstoßen – das war eins.
„Es ist nicht möglich!"
Ich preßte Bobo fester an mich, entschlossen, ihn in jedem Fall zu behalten. Er war ein rechtmäßiges Geschenk oder, besser gesagt, ein schwer verdienter Lohn von meinem Onkel Commodus!
„Lukios, was bedeutet das? Der Affe gehört Commodus! Du mußt ihn wieder zurückbringen!"
„Commodus hat ihn mir geschenkt! Bobo gehört mir. Commodus hat gesagt, er kann Affen nicht leiden, und man soll ihm lieber ein britannisches Pony schenken."
Tante Fabia ließ sich auf einen Stuhl, mit hübschen Elfenbeinverzierungen an der Lehne, dicht neben

dem Kohlebecken fallen. Sie sah so enttäuscht aus, daß sie mir plötzlich leid tat.

„Da läßt man so ein seltenes Tier extra aus Numidien kommen –, und er – verschenkt's einfach!"

Onkel Ummidius drehte verlegen an dem goldenen Ring mit dem in Gold getriebenen Porträt Marcus Aurelius', den er immer trug. Mit diesem Ring, einem Geschenk des Kaisers, am Finger hatte er zu jeder Tages- und Nachtzeit freien Zutritt zu ihm. In Rom gab es nur sehr wenige Menschen, die einen solchen Ring besaßen.

„Wir hatten uns gedacht, daß der Affe den jungen Caesar ein bißchen auf andere Gedanken bringen würde", erklärte Onkel Ummidius. „Die Idee stammt von Tante Fabia ... Priscus, der Tierhändler, hatte solche Mühe, ein Schiff aufzutreiben, das eine Ladung wilder Tiere für die Zirkusspiele herüberbringen konnte. Wir mußten Sondergenehmigungen beschaffen. Priscus bekam sogar Ärger mit den übrigen Tierhändlern ..."

„Die Sache ist aber auch zu peinlich", fügte meine Mutter hinzu und reichte mir eine Papyrusrolle. Ich wickelte sie auf und las den Leitartikel der „Kaiserlichen Hofkommentare". Diese Zeitung wurde von kaiserlichen Sklaven abgeschrieben und einmal monatlich an die Aristokratie verteilt, außerdem hing sie neben den *Acta diurnia,* die täglich neu geschrieben wurden, wie der Name schon sagt, in den Gerichtsbasiliken und in anderen öffentlichen Gebäuden aus, so daß jeder sie lesen konnte.

DER GLÜCKLICHSTE JUNGE DER WELT
Seine Tante Fabia schenkte dem jungen Caesar

für seine guten Leistungen in Lateinischem Aufsatz und Griechisch ein afrikanisches Äffchen, das Lucius Aurelius Commodus sich schon seit vielen Jahren sehnlichst gewünscht hat.
„Jetzt bin ich der glücklichste Junge der Welt", soll der Dreizehnjährige geäußert haben.
In Abwesenheit seines Vaters Marcus Aurelius, der in Germanien Krieg führt, übernimmt er schon jetzt viele kleine Repräsentationspflichten, um seine Mutter zu entlasten . . .

Darunter war mit wenigen Worten die Verlobung des dicken Quintian mit meiner Schwester Annia – sie war ein knappes Jahr älter als ich – erwähnt. Im übrigen behandelte das Blatt die Kriegsereignisse. Ich las, daß mein Großvater Marcus Aurelius erkrankt sei.
„Na, was sagst du jetzt?" fragte Tante Fabia.
Ich mußte an die beiden lateinischen Aufsätze denken und daran, daß Commodus so einen Satz bestimmt nie gesagt hatte. Die meisten Dinge, die in dem Artikel über Commodus standen, stimmten nicht. „Du verstehst jetzt sicher, warum es uns so peinlich ist, daß Commodus den Affen so schnell wieder verschenkt hat?"
„Ja, Onkel Ummidius, aber ich konnte gar nicht anders als Bobo annehmen, schließlich hat Commodus ihn mir ja geschenkt –"
„Dann darfst du ihn behalten. Nur bitte, wenn Besuch kommt, mußt du ihn sofort in deinem Zimmer verstecken, damit ihn niemand sieht –"
„Ja, Tante Fabia."

„Es würde sonst ein schlechtes Licht auf Commodus' Charakter werfen ..."
Damit war diese Sache – Fortuna sei Dank! – erledigt. Ich atmete auf, denn ich hatte schon befürchtet, ich müßte Bobo zurückgeben. Onkel Ummi räusperte sich. Er sah jetzt richtig fröhlich aus. Manchmal hatte ich das Gefühl, es amüsierte ihn, wenn sein Cousin Commodus sich irgendwo einmal wieder blamiert hatte.
„Beim Herkules", sagte er, „ihr müßt doch zugeben: mit dem Knaben kann der Kaiser nicht viel Staat machen. Ich war ja schon immer der Meinung, Marcus sollte ihn nicht so oft unter die Leute lassen. Nachher spricht es sich noch herum, daß der Sohn von Marcus Aurelius nicht mehr ganz beieinander ist ..."
Ummidius war in Rom für seine saloppe Ausdrucksweise bekannt. Ich hatte strengste Anweisung von meiner Mutter und von Tante Fabia, keinem Menschen etwas über die Gespräche zu erzählen, die bei uns zu Hause geführt wurden. Dennoch warf mir meine Mutter bei den Worten meines Onkels einen besorgten Blick zu. Tante Fabia widersprach Onkel Ummi aufs heftigste. Sie hielt nämlich große Stücke auf Commodus und verteidigte ihn grundsätzlich immer. Sogar jetzt noch, obwohl sie in ihrem Innersten verletzt war, weil er mir den Affen Bobo geschenkt hatte und lieber ein britannisches Pony gehabt hätte ...
In diesem Moment kam Hyazinthus, der bei uns oben im Haus ein kleines Zimmer bewohnte. Er verbeugte sich leicht in Richtung auf Tante Fabia, meine Mutter und Onkel Ummidius.

„Lukios, komm, es gibt *prandium* (= zweites Frühstück). Du wirst Hunger haben –"
Ich stand auf und flüsterte Onkel Ummi ins Ohr: „Ich muß noch zwei Aufsätze schreiben – erstens: Geht ein Stoiker gern in den Zirkus? Zweitens: Über die Pflichten eines zukünftigen Kaisers."
„Bis wann?" fragte mein wunderbarer Onkel mit verschmitztem Lächeln.
„Möglichst bald. Spätestens bis übermorgen früh."

Onkel Ummidius hatte genickt! Ihr lieben Götter, hatte ich aber auch ein unverschämtes Glück!
Da sah er mich plötzlich durchdringend an und sagte laut genug, so daß alle es hören konnten: „Er muß schon ziemlich doof sein – dieser Commodus."
Vor Schreck blieb mir fast das Herz stehen. Ich warf einen Blick auf meine Mutter und Tante Fabia. Ihre Gesichter verrieten kein besonderes Erstaunen. Meine Mutter las ruhig weiter in den „Kaiserlichen Hofkommentaren". Das beruhigte mich. Nur ich hatte den Witz verstanden – Onkel Ummidius hatte durchschaut, daß nicht ich, sondern Commodus die Aufsätze brauchte. Die anderen glaubten wohl, mit „Commodus" sei ausnahmsweise ich gemeint . . .

Ein Pferd weint

Einer der ersten Renntage der Saison dieses Jahres. Genauer gesagt, der fünfte Tag vor den Kalenden des Mai (der 26. April 175 n. Chr.) und der *Natalis*, der Geburtstag, des Kaisers Marcus Aurelius. Ich sah

hinauf zu Commodus. Er saß, ein bißchen steif, aber keineswegs verlegen, eher stolz und im Bewußtsein seiner Würde, in der marmornen Staatsloge, *pulvinarium* genannt, neben den beiden Konsuln und dem Präfekten der Stadt, der jetzt gleich das weiße Tuch hinabwerfen würde zum Zeichen, daß das Rennen eröffnet war.
Wir, Cornilla, Tigris mit seiner sorgsam gekämmten Bürstenfrisur und einer frischgewaschenen grauen Tunika und ich, wir beneideten ihn nicht, obwohl der Caesar von seinem Platz aus natürlich den besseren Überblick über das Rennen hatte. Dafür fror er sicherlich um so mehr, denn es wehte ein kalter Wind.
Jeder von uns kaute an einem Honigkuchen, während wir an den Boxen der Pferde vorbeischlenderten. Vor dem sogenannten Anschirrplatz blieben wir stehen, einer kleinen, mit Sand bestreuten Rundbahn, auf der Pferde und Wagenlenker dem Publikum vorgeführt wurden. In der Mitte des Platzes wurden die Pferde vor die Wagen geschirrt. Ein prachtvolles Bild: die Pferde piaffierten, einen Zweig auf dem Kopf, den Schweif eng zusammengeflochten, die Mähnen mit Perlen besät, den Bug mit glitzerndem Zierat und mit goldenen Amuletten geschmückt, um den Hals ein Band und ein Netztuch in den Farben des Stalles. Jetzt standen die Wagenlenker bereits auf den Wagen und hatten sich auch schon die Zügel um den Körper gebunden, wie das bei Wagenrennen üblich ist. Die Pferde waren zum Teil recht nervös. Die Gesichter der *agitatores* (= Wagenlenker) jedoch, unter den eng anliegenden helmartigen Kappen, verrieten keine Gemütsregung.

„Sieh nur, da kommt Pertinax –"
„Es ist Pertinax –"
„Gut sieht er aus –"
Die Menschen, die um uns herumstanden, um die Gespanne hier, ehe man zum Wettschalter ging, noch einmal kurz zu begutachten, drängten begeistert an die Absperrung. Jeder wollte Pertinax möglichst nahe sehen. Der erst sechsjährige zartgliedrige Blauschimmel mit dem Namen des berühmten Generals war bekannt geworden, als er im letzten Jahr, obwohl er zu den jüngsten Pferden gehörte und noch keine Rennerfahrung hatte, fast jedes Rennen der Saison gewonnen hatte.
Der Sieg eines Gespanns hängt in erster Linie von der Leistung des ganz links laufenden Pferdes ab, das zuerst die Kurve nimmt, und für das der Weg um die *meta,* die Wendesäule, der engste und kürzeste ist. Es reißt die anderen drei Pferde mit sich um die *meta* und bestimmt die Schnelligkeit. Deshalb wählt man für den Platz links innen im Gespann das schnellste Pferd, das außerdem sehr klug sein muß.
Auf den Programmen für einen Renntag wird bei jedem Gespann außer der Farbe seiner *factio* stets der Name des Wagenlenkers und der des Leitpferdes angegeben. Pertinax gehörte der Partei der Grünen, der *Factio prasina.* Commodus besaß ein paar echte Schwanzhaare von Pertinax, die ihm der Agitator Aureus persönlich geschenkt hatte, und er hütete sie eifersüchtig wie einen Schatz. Jetzt kam Pertinax an uns vorbei. Seine dunkle Mähne war zu kleinen Zöpfen geflochten. Sein Fell glänzte silbrig in der Sonne; mit einer Schablone war es zu einem lustigen Viereckmuster gestriegelt. Die innen rosigen Nüstern

waren leicht gebläht. Den feinen dunklen Kopf mit den großen Augen hielt Pertinax gesenkt. Stolz stand der Agitator Aureus in voller Ausrüstung auf dem Wagen: die Peitsche in der Hand, Knie und Schenkel mit weichen Binden geschützt. Er trug die grüne Jacke seiner *factio,* um die Brust schlangen sich die Zügel. Die Hand stützte er auf das Messer mit dem Löwenkopfgriff aus Elfenbein, das in seinem Gürtel stak, für den Fall, daß Pferde und Wagen im Verlauf des Rennens zu Fall kämen und er sich die um seinen Körper gebundenen Zügel durchschneiden müßte.

Hinter den vier Pferden des Aureus kam ein weiterer Wagen der Grünen mit dem Leitpferd Tranquillus, einem Fuchs. Tranquillus war am ganzen Leib schaumbedeckt; auch vor dem Maul stand ihm eine Flocke weißen Schaums. Ab und zu versuchte er sich aufzubäumen und machte damit die anderen Pferde, die zu dritt neben ihm gingen, ebenfalls scheu. Sie wieherten aufgeregt und drängten immer wieder zur Seite oder blieben ganz plötzlich stehen und schlugen aus.

Tranquillus war gut in Form, das sah man jetzt schon. Eine Konkurrenz für Pertinax war er wohl kaum. Victorina, die achtjährige Halbschwester von Tranquillus, würde auch gut sein. Hellas lief nur noch ehrenhalber mit, und der siebenjährige Stultus, etwas verspielt und ohne große Rennerfahrung, war fast noch zu jung für ein großes Rennen mit acht Viergespannen. Vielversprechend war allenfalls noch die Quadriga der Blauen mit dem Leitpferd Daphnis.

Wir stiegen hinauf zur höchsten Tribüne mit den

Stehplätzen. Unter dem kaiserlichen Pulvinar stiegen stockwerkartig drei Ränge den Abhang des Palatins hoch, entsprechend den gegenüberliegenden Rängen am Aventin. Die Arkadenstockwerke, mit Marmor verkleidet, faßten alles in allem über 250 000 Plätze. Der erste Rang, der unterste an beiden Hügeln, enthielt Steinsitze, der zweite Holzsitze, der dritte und höchste Stehplätze.

Es gelang uns, Cornilla – sie war kleiner als wir – durch die Reihen der Erwachsenen bis nach vorne zu schieben. Tigris quetschte sich hinterher, und ich verwünschte innerlich Tante Fabias gute Erziehung, die allein mich jetzt hemmte, ihm mit ein paar kräftigen Ellbogenstößen nach allen Seiten zu folgen. Der Stadtpräfekt hatte das weiße Tuch in die Arena geworfen! Ich konnte es nur erahnen, eingeklemmt zwischen mehreren stämmigen Erwachsenen, die unbedingt etwas sehen wollten.

Jetzt, bei diesem Trompetenstoß, mußten die Gespanne durch das Gatter jagen. Es roch nach Schweiß, und der intensive Geruch von Kleidung, die frisch vom Tuchwalker kam, stach mir in die Nase.

„Pertinax!“ Das war Cornillas piepsige Mädchenstimme. Kaum erkannte ich sie aus dem Gebrüll um mich.

Das Schreien schwoll an. Die Wagen schossen auf die erste *meta,* die erste Kurve, zu. Bei meinem Genius, und ich sah nichts außer den Rücken der vor mit stehenden Leute! Die acht Gespanne mußten siebenmal um die Bahn herumlaufen – eine lange, gefährliche Strecke, in deren Verlauf fast jedes der Gespanne einmal an der Spitze lag. *„Vincas, non vin-*

cas, te amamus, Pertinax", murmelte ich – ob du siegst oder nicht, wir lieben dich, Pertinax. Warum waren wir nur so dumm gewesen, nicht bei Commodus im Pulvinar sitzen zu wollen, da wo Tante Fabia, Onkel Ummidius, meine Mutter und die anderen alle saßen . . .

Wir hatten mit Tigris gehen wollen, der natürlich nicht im Pulvinar hätte sitzen können. Außerdem hatten wir geglaubt, wir könnten uns hier ungezwungener bewegen. Wenn ich doch nur etwas hätte sehen können! Das Schreien schwoll an, überschlug sich geradezu und schien nicht mehr aufhören zu wollen.

War ein Unglück geschehen?

„Perti – nax!" schrie Cornilla.

Gerät ein Wagen zu nahe an die Säule, die *meta*, so kann er zerbrechen. Nimmt er die Kurve aber zu weit, so verliert er entweder seinen Vorsprung oder wird vom nächsten gerammt und läuft Gefahr, „Schiffbruch" zu erleiden. Die *agitatores* stehen unter doppelter Spannung: nach vorn müssen sie die Rennpferde anfeuern, nach hinten müssen sie höllisch achtgeben, daß sie kein Wagen beim Überholen anrennt. Von den blutigen *naufragia* werden die hoffnungsvollsten Wagenlenker oft in der Blüte ihrer Jahre dahingerafft. Doch ihr Name lebt fort in aller Munde. Eine Grabinschrift eines verunglückten Agitators, die ich einmal gesehen hatte, fiel mir ein: Victoria breche im Schmerz ihre Palme! Der Ruhm werfe dem widerstrebend flackernden Holzstoß als Opfer die Siegeskränze zu, die dein Haupt schmückten! Untat des Schicksals! Warum mußte die Säule, die dein Wagen kaum jemals streifte, warum mußte

der letzte Grenzstein so nah an den Beginn deines Lebens gesetzt sein?
War Aureus gestürzt?
Die Pertinax-Rufe hörten nicht auf. Doch es klang anders als sonst bei den Rennen mit Pertinax, soviel hörte ich, der ich mitschrie, ohne zu wissen, wie das Rennen stand, klar heraus.
„Per-ti-nax!“ schrie die Menge von beiden Seiten des langgestreckten Circus Maximus. Bis über den Tiber hinaus, noch in den entferntesten Stadtvierteln, hätte man das Geschrei hören können ... In diesem Augenblick stolperte jemand hinter mir vor Aufregung die Stehstufe herunter, ich wurde nach vorn gestoßen. Ah – und jetzt endlich sah ich auf die Rennbahn. Die acht Gespanne waren in eine riesige Staubwolke gehüllt, die mit ihnen um die Bahn zu jagen schien. Über den Rücken der Pferde wirbelten die Peitschen der Rennfahrer. Das vorderste Gespann schoß eben um die westliche Meta. Aber – unmöglich! Das war Tranquillus! Sein Agitator hielt die Peitsche mit beiden Händen, die Zügel hatte er um seinen Körper gewickelt und hieb auf das Leitpferd Tranquillus ein, daß es weh tat, nur hinzusehen. Dahinter, die Länge eines Pferdehalses dahinter, schoß das Gespann mit Pertinax und seinem Lenker Aureus. Hinter Tranquillus!
Es ist erst die fünfte Runde, dachte ich, noch kann sich alles ändern. Gerade begann der sechste bronzene Delphin in der länglichen Mitte der Rennbahn Wasser zu speien, und die Rennbahndiener hoben das sechste hölzerne Ei von der Mauer neben den Delphinspringbrunnen herunter zum Zeichen, daß die sechste, die vorletzte, Runde eingesetzt hatte ...

Die vier Pferde des Gespanns Tranquillus' schienen über die Rennbahn zu fliegen. Pertinax gab sein Bestes, aber Tranquillus gab das Unmögliche. Der Abstand zwischen beiden vergrößerte sich langsam, doch unaufhaltsam bis zur Länge eines Gespanns. Noch vor der siebten Runde war das Rennen so gut wie entschieden. Als Tranquillus dann zum letzten Mal um die *Meta* bog, lag sein Gespann weit vor allen anderen, und die Tribünen waren grün von all den Tüchern, die Tranquillus und der *Factio prasina* zu Ehren geschwenkt wurden.
Tigris und Cornilla waren über den Ausgang des Rennens so enttäuscht wie ich.
Von einem erhöhten Platz auf dem Mittelstreifen der Bahn aus verkündete der Herold mit lauter Stimme: „Es siegte die Quadriga der Grünen mit dem Pferd Tranquillus ... Zweiter wurde Pertinax, das Leitpferd der Quadriga der Grünen ..."
Schöne Mädchen traten in die Bahn und überreichten dem Agitator des Gespanns Tranquillus einen Palmzweig und hingen Tranquillus einen Siegeskranz aus Blättern um den Hals, den er am liebsten noch auf der Bahn aufgefressen hätte.
Wir verließen unsere Plätze und gingen zum Stall der Grünen, in dem Pertinax für die Zeit des Rennens untergebracht war.
Er stand schon in seiner Box, als wir kamen. Unruhig scharrte er mit den Hufen im Stroh und stieß den schwarzen Kopf immer wieder gegen den Holzpfeiler an der Seite. Der mit Wasser gefüllte Eimer neben ihm war noch völlig unberührt.
„Er wird sich verletzen", flüsterte Cornilla erschreckt. Sie stand auf Zehenspitzen vor der Box.

„Er weiß genau, daß er verloren hat“, sagte Tigris. „Komisch, daß ein Pferd so etwas merkt –“
Pertinax öffnete das Maul, und ein schreckliches dumpfes Wiehern, das wie eine Klage war, erfüllte den Stall.
In diesem Augenblick kam Aureus mit hastigen Schritten den Gang entlang. Die grüne Kappe hatte er jetzt abgesetzt. Die Agitatores waren oft ehemalige Sklaven, die durch dauerhafte Erfolge ihre Freilassung erlangt hatten. Trotz der niederen Abstammung errangen sie schnell Ansehen, Ruhm und Reichtum. Außer den Geldpreisen, die sie von den Magistraten oder vom Kaiser, je nachdem, wer das Rennen organisiert hatte, erhielten, verlangten sie von den *Domini factionum,* den Direktoren der Factiones, unverschämte Gehälter, damit sie nicht „die Farbe wechselten“. So etwa hätte Aureus mit Leichtigkeit zur Partei der Blauen überwechseln können, wenn er nur gewollt hätte. Die vier Parteien, die Weißen, die Roten, die Blauen und die Grünen, hatten sich gebildet, um die hohen Kosten für die Auswahl und Ausbildung der Tiere und Menschen für die Pferderennen bestreiten zu können.
Aureus’ rötliche Haare waren naßgeschwitzt. Hinter ihm rannte ein Schaf. Es lief eilig und schien genau zu wissen, wohin der Weg ging.
„Macht bitte Platz“, forderte uns Aureus auf, dann öffnete er die Holztür zu Pertinax’ Stand. Das Schaf schlüpfte sofort hinein. Es lief ohne Furcht unter Pertinax’ Beinen hindurch, blieb hinten an der Wand stehen und blökte laut.
Zunächst geschah nichts.
Das Schaf drängte sich näher an Pertinax heran und

blökte wieder. Plötzlich hörte Pertinax auf zu scharren, seine Ohren richteten sich auf, und er wendete den Hals nach rückwärts.
„Seht euch das an“, brachte Tigris nur hervor, „das Schaf tröstet Pertinax –“
„Sie kennen sich schon seit Jahren“, erklärte Aureus uns mit gedämpfter Stimme, „sie wohnen im gleichen Stall. Noch im letzten Jahr war Pertinax so nervös, daß er nur rannte, wenn das Schaf in der Nähe war. Jetzt tröstet es ihn. Die Niederlage hat ihn sehr getroffen –“
Während er noch sprach, wieherte Pertinax hell auf – es war jetzt sein gewöhnliches Wiehern aus seiner erfolgreichen Zeit, das uns vom letzten Jahr her noch wohlbekannt war. Das Schaf blökte noch einmal. Es gelang Cornilla, Pertinax ganz kurz den Hals zu tätscheln. Danach bewunderten wir das kunstvoll geschnitzte, mit bunten Farben bemalte Bild der Pferdegöttin Epona am hölzernen Stützpfeiler in der Mitte des Ganges zwischen den beiden gegenüberliegenden Reihen von Boxen. Es war mit frischen Rosen bekränzt.
Wir sahen uns noch ein paar andere Pferde an, meist jüngere Tiere, die noch trainiert wurden, und verließen dann den Stall der Factio prasina.

Das Ende eines Renntages

Tigris und ich blieben bis zum letzten Rennen, obwohl keines davon mehr so spannend war wie das erste, das der Viergespanne, mit Pertinax unter ihnen. Zuletzt fuhren die Gespanne mit nur zwei Pferden. Als die endgültigen Ergebnisse bekanntgegeben wurden, ging im Westen bereits die Sonne unter.

Cornilla hatte sich schon vor einer Weile von uns verabschiedet. Einer der äthiopischen Leibwächter hatte sie abgeholt, weil sie, die Schwester von Lucius Commodus und Tochter des Kaisers Marcus Aurelius, im Pulvinar sitzen und an der Siegerehrung teilnehmen sollte.

Draußen blieb Tigris vor dem Stand eines Bäckers in den Arkaden des Circus Maximus stehen.

„Ich komme gleich nach, Lukios. Euphrat hat mich gebeten, ihm einen Honigkuchen mitzubringen –"

„Ist in Ordnung, Tigris."

Die Honigkuchen waren eine Spezialität, die es nur heute zu „Kaisers Geburtstag" – und an Neujahr – gab. Sie waren rund, schmeckten köstlich und trugen die Aufprägung *Feliciter,* „viel Glück!" Zu Ehren des Festtags hatten alle unsere Sklaven von meiner Mutter ein Geschenk von einem Denar erhalten. Ein silberner Denar ist soviel wert wie vier bronzene Sesterze. Für einen Sesterz kann man vier Honigkuchen kaufen. Ein Sesterz ist vier kupferne Asse – und für ein As bekommt man zwei Äpfel . . .

Ich begann tagzuträumen, während ich mich im Strom der aus den Toren der Rennbahntribünen hinausdrängenden Zuschauer – es waren Tausende – treiben ließ. In Gedanken sah ich mich selbst schon auf einem lauchgrünen Rennwagen stehen, so einem, wie Commodus ihn besaß. An den Löwenkämpfer Jullus dachte ich und überlegte, ob Commodus sich gestern schon mit ihm getroffen hatte. Aber das war sehr unwahrscheinlich – die äthiopischen Leibwächter hatten ihn sicher keinen Augenblick lang aus den Augen gelassen. Heute war es für Commodus völlig unmöglich, inmitten der Geburtstagsfeierlichkeiten seinen Bewachern zu entwischen, um zum Neptun-Brunnen zu schleichen ...

Commodus' lauchgrüner Rennwagen ... Mit sicherer Hand würde ich mir die Zügel meines Maultiers, wie so oft, um den Körper schlingen. Nein, halt, vier edle Rennpferde, spanische Rennpferde, mußten es sein.

Unter dem brausenden Jubel der begeisterten Zuschauer würde ich über die Rennbahn hinwegdonnern. Da – die Meta! Einen kurzen Moment hörte ich die Räder des Wagens mit einem knirschenden Geräusch im Sand durchdrehen, das innerste Pferd des Gespanns wieherte auf und dann –

Victor! Victor! würden sie mir, dem Sieger, zurufen. Lächelnd striche ich mir die schweißnassen Haare aus der Stirn. Schöne Mädchen kämen auf mich zu und hingen dem Leitpferd einen Siegeskranz um den kräftigen braunen Hals, mir selber würden sie einen Palmzweig überreichen ...

„Aus dem Weg, dummer Bengel, hast du keine Augen im Kopf? Platz gemacht für die Domina!" schrie jemand ausgerechnet jetzt und quetschte mich brutal zur Seite. Auf den Schultern zweier stämmiger Negersklaven wurde eine Sänfte durch das Gewühl getragen. In ihr saß strahlend keine Geringere als Tante Fabia, die mich aber nicht gesehen hatte; sie ließ sich also nach Hause zur Jupiterstraße bringen.

Eine gewaltige Menschenmenge drängte sich draußen vor den Arkaden bis hin zum Amphitheater des Titus, auch Kolosseum genannt wegen der Kolossalstatue des Sonnengottes, die neben einem der Eingänge stand. War das ein Gedränge! Die zwei Asse, von denen ich mir noch einen Apfel hatte kaufen wollen, klebten fest in meiner geschlossenen Faust. Im nächsten Augenblick stieß ich einen Schmerzensschrei aus – ein Wurstverkäufer war mit seinem Karren über meinen Fuß gefahren. Vor Schmerz öffnete ich die Faust. Es klirrte, und schon rollten meine Asse unter den Fußtritten der Menge über das Pflaster hinweg. Völlig sinnlos, sich zu bücken ... Ich bückte mich natürlich trotzdem –

„Tut mir wahnsinnig leid, daß ich dir auf die Hand getreten habe", grinste ein älterer Herr mit einem ungepflegten Bart und struppigem Haar. Er hielt einen Stock in der einen Hand und trug einen ärmlichen, mehrfach geflickten Mantel, ganz offensichtlich hatte ich es mit einem Philosophen zu tun, einem Kyniker wie es schien, einem von denen, die wie Diogenes in einer Tonne leben und am Tag nur sieben Oliven essen.

„Du solltest besser nicht hier auf der Erde herumkriechen", ermahnte er mich.

Tränen in den Augen, erhob ich mich und verbarg meine blau und grün getretene Hand in den Falten meiner Toga. Ich begann, an meinen Fingern zu lutschen, in der Hoffnung, sie würden aufhören weh zu tun ...

Der Philosoph war bei mir stehengeblieben. Nun sah er mich von oben bis unten durchdringend an und betastete leicht den Stoff meiner Toga.

„Feines Stöffchen", zischte er, „na, ich würde mich

nicht wundern, wenn du auch so einer von denen wärst . . . Senatorensöhnchen, stimmt's?"
Ich nickte.
„Marcus Aurelius hat heute Geburtstag", höhnte er, „und wir sollen uns alle freuen. Daß ich nicht lache!" Er leckte sich die Lippen und sagte ohne Übergang: „Ob du es mir glaubst oder nicht – ich habe in meinem ganzen Leben noch nie auch nur eine einzige Haselmaus gegessen. Würde mich interessieren, wie so ein Tier schmeckt –"
Plötzlich tat er mir leid. „Och, eigentlich gar nicht so besonders", schwindelte ich ihm vor. „Ich mag Wachtelragout viel lieber –" Anscheinend hatte ich etwas gesagt, was ihn zutiefst verletzte.
„Wachtelragout –" stieß er hervor. Sein Blick wurde stechend. „Ich will dir sagen, wer so etwas ißt: der Kaiser! Arm soll der sein, zum Totlachen! Ruiniert hat er uns alle! Ruiniert mit diesen endlosen Kriegen in Germanien. Weißt du, daß in Rom die Pest ausgebrochen ist? Bald wird sie in ganz Italien wüten. Alle Leute sprechen schon davon. Ein ausgezeichneter Zeitpunkt, um Geburtstag zu feiern und für die Gesundheit des Kaisers zu opfern –"
Ich wurde blaß und vergaß für einen Augenblick meine Hand. Denn davon hatte ich noch nichts gehört. Jetzt ging mir ein Licht auf: deswegen war der Arzt Galenus gestern so unvermutet bei uns aufgetaucht und hatte alle Mitglieder unseres Haushalts vorsorglich untersucht . . . Nun verstand ich! Vor Schreck hörte ich sogar auf zu hinken.
„Marcus Aurelius soll schwer krank geworden sein, das hab' ich auch noch gehört. Er liegt im Sterben –", erzählte mein Begleiter.

Der Atem stockte mir, er aber plauderte munter weiter ...
„Und weißt du, wer an allem schuld ist?“ schrie er mir durch den Lärm zu, der uns umtoste. „Die Christen mit ihrem Aberglauben haben den Zorn der Götter auf uns gezogen. Vor die Löwen mit den Christen!“
Er beugte sich zu mir herab und flüsterte mir mit heiserer Stimme ins Ohr: „Sie schlachten kleine Kinder und essen sie auf. Nimm dich in acht vor ihnen!“
Ich aber sah und hörte nichts mehr – mein Großvater war todkrank, vielleicht würde er sterben! Die Pest war ausgebrochen, die Pest, diese schreckliche Krankheit, gegen die kein Mittel hilft! Was kümmerten mich jetzt die Christen ...
Wir verloren uns im Gedränge.
Ein feiner Sprühregen setzte ein. Die Sänften vornehmer römischer Damen, die an mir vorbeigetragen wurden, waren verschlossen, so daß ich weder selbst gesehen werden konnte noch eine von ihnen erkannte. Aus der Traum von Rennwagen, Ponys und Siegen im Circus Maximus!
Der kynische Bettelphilosoph war verschwunden wie eine Erscheinung in einem quälenden Alptraum. Nur, daß ich diesmal hellwach war.
So ging dieser Renntag zu Ende.

Zu den Sandalen des Herkules

So sehnlichst wie ich mir einen Leibwächter – wenigstens einen einzigen! – wünschte, so sehr ver-

wünschte Commodus die seinen und sehnte sich danach, sie nur für einen einzigen Tag einmal los zu sein.
Seit er denken konnte, folgten ihm diese unauffällig gekleideten, muskulösen äthiopischen Sklaven, wo immer er hinging. Sie standen in der Nähe, wenn er in Ostia oder am Strand von Laurentum im Meer badete, sie folgten ihm, wenn er durch Rom streifte; sie ritten hinter ihm her, wenn er in den Sommerferien in der Umgebung von Lanuvium Hasen jagte.
Dennoch schaffte es der Caesar manchmal, ihnen zu entwischen. Denn es gab in Rom tatsächlich einen Schlupfwinkel, den sie noch nicht kannten. Bei all ihrem Spürsinn hatten sie ihn hier noch nicht aufgestöbert ...

Es war drei Tage nach dem Rennen. Die Tage danach waren schulfrei gewesen wegen des Fests der Flora, das bis zum zweiten Tag nach den Kalenden des Mai dauert (bis zum 3. Mai). Ein herrlicher Zustand!
Ich war auf dem Morgenempfang bei Lucius Aurelius Commodus gewesen, wo wir natürlich kein vernünftiges Wort hatten miteinander sprechen können; Commodus hatte sehr ernst ausgesehen und mir zugezwinkert. Etwas Wichtiges war geschehen, soviel war mir klar. Beunruhigt nahm ich daraufhin ein Bad in unserem Haus, nicht in den öffentlichen Thermen, die erst ab der neunten Stunde geöffnet hatten.
Als ich mich wieder angekleidet hatte, stürzte Euphrat herein und überreichte mir ein in roten Stoff gewickeltes Etwas.

Ich sah ihn fragend an.
„Keine Ahnung, von wem es ist. Ein Bote hat es für dich abgegeben."
Purpurnes Leinen! Das konnte nur eine Nachricht von Commodus sein. Hatte er sich endlich mit dem Gladiator Jullus getroffen?
Hastig riß ich die goldene Schnur ab und zerrte aus der Verpackung ein mit Wachs beschichtetes Lindenholzbrettchen hervor, auf dem wenige Worte zu lesen standen:

WIR ERWARTEN DICH BEI DEN SANDALEN DES HERKULES. DRINGEND. NACHRICHT SOFORT VERNICHTEN.

Ich kramte aus den Falten meiner Toga den bronzenen Griffel hervor und glättete mit seinem umgekehrten Ende die Fläche wieder so, als hätte vorher nie ein Wort auf ihr gestanden. Mein Herz klopfte schnell und so laut, daß ich es hören konnte. Ich mußte sofort aufbrechen!
„Lukios, wo willst du hin? Sag doch etwas", hörte ich Euphrat hinter mir rufen, als ich mit zwei Sprüngen durch die Tür und die Eingangstreppe hinunter setzte.
Ich sah mich um. Die Straße war mittäglich leer.

Zu den Sandalen des Herkules – so hieß die kleine Taverne, zwei Meilen hinter der Porta Appia an der Appischen Straße gelegen, in der wir unsere Versammlungen abzuhalten pflegten.
Wir, besser gesagt: der „Klub der Raben". Commodus, mein Freund Sextus, der dicke Quintian, der in

ganz Rom für seine Frechheit berühmt war, zugleich ein Stiefvetter von mir, Cornilla, Annia und ich. Diesen Ort hatten wir mit Bedacht ausgesucht: er war für uns nicht zu weit von der Stadt entfernt, aber auch Sextus, der etwa drei bis vier Meilen weiter ab an der Via Appia wohnte, konnte ihn bequem erreichen.

Natürlich waren wir klug genug, uns niemals im vorderen Raum der Taverne aufzuhalten, den man von der Straße aus nur zu gut beobachten konnte und der immer voll von lärmenden Gladiatoren und Zirkusleuten war. Hier mußte man schon mit Spitzeln der Geheimpolizei – *frumentarii* hießen sie – oder Commodus' äthiopischen Leibwächtern rechnen. Nein, die Sache, dir wir uns ausgedacht hatten, war raffinierter ...

Hinter dem eigentlichen Haus gab es noch einen aus Lehmziegeln gemauerten Hühnerstall. Unter dem Dach des Hühnerstalls befand sich ein Verschlag, in dem früher einmal Tauben gehalten worden waren, zugänglich nur über eine enge Leiter – dieser Verschlag war unser „Konferenzsaal", unsere *Curia* (= Senatsversammlung).

Niemand hätte uns hier finden können!

Immer wieder sah ich mich besorgt um, während ich den engen Weg hinter den Grabsteinen an der Via Appia entlanghuschte. Auf der breiten Straße selbst zu gehen, wäre zu gewagt gewesen. Wenn Commodus zu Hause entwischt war, dann bedeutete das, daß die Äthiopier ihn jetzt im ganzen Palast eifrig suchten – sie waren gewitzte Kerle. Schließlich bestand ja ihr Beruf darin, meinen Onkel zu bewachen. Und sie wurden bestraft, wenn sie den jungen

Caesar entkommen ließen! Deshalb mußten sie dankbar sein für jede Spur, die sie verfolgen konnten.
Zweifellos waren sie Commodus bereits auf den Fersen. Ich kletterte über Grabumzäunungen und kroch durch dichte Taxushecken. Immer wieder hielt ich, hinter einem besonders breiten Marmorblock versteckt, Ausschau, ob die Verfolger schon auf der Straße zu sehen waren.
Ein Trupp berittener Prätorianersoldaten sprengte vorüber, ein betrunkener Legionär wankte grölend vorbei, und ein Ochsenkarren mit Landleuten, die zum Florafest wollten, holperte schwerfällig auf die Stadt zu.
Es ging alles glatt; niemand folgte mir. Nach einer guten halben Stunde hatte ich mein Ziel erreicht.
Über den windschiefen Gartenzaun stieg ich in den Obstgarten. Dann schwang ich mich – Bobo wäre nicht schneller oben gewesen! – den uralten knorrigen Olivenbaum hinauf, der hinter dem Hühnerstall stand und den Hühnern im Sommer Schatten bot. Das war die zweite, die gefährlichere und deshalb reizvollere Möglichkeit, unser Versteck zu erreichen. Durch die enge Luke, die einmal den Tauben als Ausflug gedient hatte, schob ich mich nun hinein zu den anderen, die schon auf mich warteten. Commodus saß auf der Körnertruhe. Alle anderen hatten auf der Leiter Platz genommen, die sie wie immer sicherheitshalber auf den Dachboden hochgezogen hatten: So waren wir von der Außenwelt völlig abgeschlossen.
„Pertinax“, flüsterte ich. Das war in dieser Woche unser Losungswort.

Ich setzte mich neben Commodus.
„Die Sitzung ist eröffnet. Lukios führt heute das Protokoll", damit schob mir mein Onkel einen Stylos und ein Wachstäfelchen zu.
Zunächst schwuren wir alle einen schweren Eid, über alles, was auch immer heute beraten und besprochen werden würde, zu schweigen und keiner Menschenseele auch nur das mindeste zu verraten. An diese oberste Regel des „Klubs der Raben" hatten wir uns bisher immer gehalten und mit unserem Schweigen die besten Erfolge gehabt.
Außer uns sechs ahnte kein Mensch beispielsweise etwas von unserem Versteck. Nicht einmal der Besitzer der Taverne wußte etwas von ihm!
„Es gibt ein paar wichtige Dinge zu sagen", begann Commodus, „darf ich anfangen?"
Wir nickten.
„Zufällig ist es mir gelungen, ein Gespräch zwischen Pito und der Mutter von Lukios, meiner Schwester Lucilla, zu belauschen . . ."

Commodus belauscht ein Gespräch!

„Ihr würdet nicht so ruhig hier sitzen, wenn ihr wüßtet, was in der Stadt los ist", fing Commodus an. Seine Stimme zitterte leicht, als er das sagte. „Irgend jemand hat das Gerücht verbreitet, mein Vater sei gestorben –"
„Was ist ein Gerücht?" fragte Cornilla dazwischen. „Hat es etwas mit riechen zu tun?"
„Quatsch", rief Annia, „es ist was zum Essen."

„Ein Gerücht ist, wenn jemand etwas gehört hat, was noch nicht sicher ist“, erklärte Sextus, stolz darauf, es zu wissen.
„So ist es“, sagte Commodus, „das ist das Schlimme daran. Das Gerücht stimmt überhaupt nicht, aber alle glauben es. Mein Vater war zwar krank, aber gestern kam erst ein Brief, in dem stand, es ginge ihm wieder besser. Die Wachen am Palast mußten verstärkt werden. Warum, weiß ich nicht genau. Lucilla sagte, jetzt sei eine doppelte Wachmannschaft nötig. Man könnte nicht wissen, was noch passieren würde. Und dann ist etwas ganz Schreckliches geschehen: In der Stadt sind Leute an der Pest gestorben –“
Also hatte der Philosoph die Wahrheit gesagt. Es war kein Zufall, wie ich gehofft hatte, daß der Arzt Galenus uns alle untersucht hatte ...
„Gegen die Pest gibt es kein Mittel. Überall vor den Tempeln werden Sühneopfer gebracht, um die Götter zu versöhnen und ihren Zorn zu mildern. In einigen Stadtvierteln soll es gestern zu Ausschreitungen gegen die Christen gekommen sein –“
„Ausschreitungen, schon wieder so ein komisches Wort“, kicherte Cornilla, obwohl es eigentlich nichts dabei zu kichern gab.
Commodus lernte solche Worte bei Sanctus, der mit ihm Redenhalten übte.
„Zufällig war ich in der Nähe, als ein paar große Jungen einem christlichen Juwelier die Fensterscheiben zu seiner Wohnung mit Steinen eingeworfen haben“, rief Sextus aufgeregt. „Ich hab’ es gesehen. Eine ganze Menge Leute standen in der Nähe, aber keiner hat den Jungen etwas getan oder ihnen gesagt, sie sollten aufhören. Die Leute standen ein-

fach da und haben zugesehen. Ich glaube, das meint Commodus mit ‚Ausschreitungen' –"
„Ich hab' gehört", warf Quintian ein, „die Christen seien an allem schuld, hauptsächlich an der Pest –"
„Niemand hat sich auch nur gerührt!" rief Sextus. „Plötzlich riefen die Jungen ganz laut ‚Raus aus Rom mit den Christen! *Ad leones!* Vor die Löwen mit den Christen!' Dann kam der Christ aus dem Haus herausgelaufen. Eigentlich sah er völlig normal aus. Er war schon älter und hatte einen langen Bart und weiße Haare. Die Tränen liefen ihm übers Gesicht. Einer von den Jungen ging auf ihn zu, ganz langsam und drohend", Sextus sah uns alle an, als wollte er uns fragen, wie so etwas möglich sei, „und dann hat er nach ihm getreten. Und ein paar andere Leute haben noch nach ihm gespuckt. Zum Glück konnte er gerade noch weglaufen. Ich hätte ihm so gerne geholfen, aber ich war ganz allein, und einer von den Erwachsenen sagte zu mir, ich solle abhauen und bei meiner Mutter weiterheulen –"
Fassungslos sahen wir Sextus an.
„Es ist wahr!" rief Sextus. „In der Birnbaumstraße ist es passiert. Geht nur hin und seht euch die Fensterscheiben an dem Haus mit dem Fisch neben der Haustür an, wenn ihr mir nicht glaubt! Das Glas liegt sicher noch auf der Straße –"
Commodus nickte vor sich hin. „Das paßt zu dem, was ich gehört habe, als ich hinter dem purpurnen Vorhang im Speisezimmer stand ... Hört zu: Heute morgen war ich zufällig ganz allein im großen Speisezimmer. Da hörte ich plötzlich Schritte und sprang schnell hinter den purpurnen Vorhang. Ich nahm nämlich zuerst an, es sei Sanctus, der mir noch

zwei Rhetorikstunden geben wollte. Jemand riß hastig die Tür auf und kam herein. Das hätte er sein können. Aber dann kam noch jemand. Als sie drinnen waren, drehte einer der beiden den Schlüssel im Schloß herum und legte am Boden den Eisenriegel vor die Tür. Das kam mir äußerst verdächtig vor. Dann hörte ich Lucillas Stimme: ‚Hier sind wir völlig ungestört. Sei nicht ängstlich, niemand kann uns belauschen, die Wände sind meterdick. Wahrhaftig, es ist der einzige Ort im Palast, an dem ich mich vor Spionen sicher fühle.'

Die beiden ließen sich auf einem Speisesofa direkt vor dem purpurnen Vorhang nieder – ich hätte mit der Hand nach ihnen greifen können! Vor Aufregung wagte ich zunächst nicht zu atmen; denn die beiden blieben einen Moment lang ganz still. Außerdem wußte ich nicht, wer die zweite Person war. Man konnte ihre Atemzüge hören. Dann endlich antwortete Pitos Stimme. Während er anfing zu reden, holte ich tief Luft. ‚Domina', sagte er, ‚wir müssen sehr behutsam vorgehen. Aber wir müssen Schritte unternehmen, soviel steht ebenfalls fest. Je eher, desto besser!'

‚Niemand konnte damit rechnen, daß die Lage in Rom sich so verschlechtern würde, gerade jetzt, in dem Augenblick, in dem seit langer Zeit wieder einmal gute Nachrichten von der Donaugrenze gekommen sind', sagte dann Lucilla. ‚Marcus Aurelius und meine Mutter sind mit den Generälen, dem größten Teil des Militärs und ihrem Beraterstab an der Donau.'

‚Immerhin ist Galenus in Rom, der beste Arzt der Welt –'

‚Der Gott Äskulap ist ihm damals im Traum erschienen, als Marcus Aurelius ihn unbedingt mit an die germanische Grenze nehmen wollte. Er hat ihm geboten, hier in Rom zu bleiben –'
‚Ja, das erzählte Galenus allen seinen Freunden. In Wirklichkeit wollte er nur deshalb nicht an die Donau, weil er das ungesunde rauhe Klima nicht verträgt. Was nützt uns übrigens Galenus? Die besten Ärzte sind *dieser* Krankheit gegenüber machtlos. Das hat er früher selbst immer gesagt –'
‚Und auch die Sühneopfer sind wahrscheinlich sinnlos. Ich weiß –'
‚Auf den Straßen und Plätzen rotten sich die Menschen zusammen und schreien: Vor die Löwen mit den Christen! Den Christen wird die Schuld an der Pest zugeschoben.'
‚Ja', das sagte Lucilla. Und Pito antwortete ihr: ‚Das habe ich jetzt auch schon mehrfach gehört. Als ob immer einer schuld sein müßte!'
Lucilla fing daraufhin an zu klagen, das Getreide sei wegen der schlechten Ernte im letzten Jahr knapp geworden, und die Preise seien erschreckend gestiegen. Pito dachte kurz nach und erklärte ihr, es sei gar nicht schlecht, wenn die Leute in Rom glaubten, die Christen seien an der Pest und an den Getreidepreisen schuld. Ich glaube, er sagte ungefähr so: ‚Eigentlich nützt diese Meinung ja gerade uns, der Regierung in Rom. Wut und Unruhe sind auf die Christen – man könnte sagen – abgelenkt. Stellen Sie sich doch einmal eine Demonstration im Circus Maximus gegen den jungen Commodus vor oder gegen Sie, bei der Eröffnung des neuen Tempels der Diana. Sprechchöre, faule Eier wären das mindeste.

Übrigens ist es erwiesen, daß in den Zeiten großer Hungersnot oder wenn die Pest wütet, Christenverfolgungen ausbrechen. Es ist nur menschlich, in solchen Lagen nach einem Sündenbock zu suchen. Unter Tyrannen wie Nero oder Domitian und in der Regierungszeit des göttlichen Trajan – immer war es genauso: ob Erdbeben, Pest, Überschwemmung oder Hungersnot, immer hieß es: Die Christen haben die Götter erzürnt. *Ad leones* . . .'
‚Das Getreide ist knapp und teuer geworden', sagte Lucilla, ‚die Staatskassen sind so gut wie leer. Dieses lächerliche und völlig unbegründete Gerücht, der Kaiser sei gestorben, ist nicht totzukriegen. Niemand weiß, wer die Sache zuerst aufgebracht hat. Ein solches Gerücht ist überaus gefährlich.'
‚Es riecht nach einem Umsturz, ich habe längst an so etwas gedacht', sagte Pito."
An dieser Stelle unterbrach Commodus kurz seinen Bericht: „Ihr seht, dieses Gespräch war nicht für meine Ohren bestimmt. Deshalb hatte ich riesige Angst, die beiden könnten mich entdecken . . . Pito fragte Lucilla, nachdem sie wieder ein paar Minuten lang ganz still gewesen waren: ‚Ach übrigens, Domina, haben Sie zufällig gehört, was es gestern abend auf dem Forum gab?'
‚Du weißt doch', sagte Lucilla, ‚daß unsere Fenster alle auf den Garten ausgerichtet sind. In der Stadt ist die Luft zum Ersticken. Ich habe nichts gehört.'
‚Nun, ich wohne in dem Teil des Palasts, dessen Fenster auf das Forum ausgerichtet sind, direkt über dem Tempel der Dioskuren Castor und Pollux', sagte Pito. ‚Vor der Basilika Julia hatte sich eine Menschenmenge angesammelt, die in Sprechchören

brüllte: ‚*Hyazinthus vor die Löwen! Raus mit Hyazinthus! Werft die Christen raus aus dem Palast! Christen raus! Hyazinthus vor die Löwen!*‘
‚Es hat sich also herumgesprochen, daß der Hof Christen in den höchsten Stellungen duldet –‘
‚Domina, es war ungeschickt, Ihrem kaiserlichen Bruder, dem Caesar, einen christlichen Erzieher zu geben. Die Christen gelten als komische, starrköpfige Leute mit einem sehr seltsamen Aberglauben. Sie opfern den Göttern nicht und weigern sich sogar, ihre Söhne zum Militär zu schicken –‘
‚Hyazinthus war eigentlich nie als Commodus’ Erzieher vorgesehen‘, sagte Lucilla, ‚er ist ein Freigelassener meines verstorbenen ersten Mannes und hat Lukios Griechisch beigebracht. Zufällig war er der einzige Pädagoge, der mit meinem Bruder Commodus fertig wurde. So kam er zu dieser einflußreichen Stelle –‘
‚Und genau das hat sich jetzt herumgesprochen‘, gab Pito spitz zurück, jedes einzelne Wort betonend.“
Wieder entstand eine Pause. „Das Herz schlug mir bis zum Hals“, erzählte Commodus, während wir ihn aus schreckgeweiteten Augen anstarrten.
„Lucilla fragte Pito, ob er glaube, Hyazinthus werde demnächst in der Arena gegen Bären oder Löwen kämpfen müssen. Pito sagte, das sei schon möglich. Warum sollte Hyazinthus auch schließlich anders behandelt werden als andere Christen?“
„Ich geh’ nie mehr ins Amphitheater“, rief Sextus, außer sich vor Angst und Entsetzen. „Ich werde keinen Tierkampf mehr ansehen! Nie mehr.“
Der Stylos zitterte in meiner Hand, ich war unfähig etwas zu sagen.

„Das war eigentlich alles", schloß Commodus seinen Bericht. „Sie haben sich dann darauf geeinigt, daß Hyazinthus so schnell wie möglich bei Nacht und Nebel aus Rom verschwinden sollte, damit ihm hier nichts passiert. Er soll auf eine längere Reise nach Griechenland und Kleinasien gehen oder so ähnlich. Der Name Pergamon wurde von Lucilla genannt –"
Sextus atmete erleichtert auf, daß Hyazinthus nun jedenfalls nicht angeklagt werden würde.
„Natürlich darf er uns auch nie mehr Unterricht geben", fügte Commodus noch hinzu und schien darüber nicht gerade traurig zu sein. „Schon heute abend wird er heimlich nach Ostia zum Hafen gebracht werden, damit er das nächste Schiff nach Griechenland noch erwischt."
„Aber die anderen Christen in der Stadt?" fragte Sextus.
Commodus zuckte hilflos die Achseln.
„Man kann doch nicht zusehen, wie ihnen die Fensterscheiben eingeworfen werden, und wie sie angespuckt werden! Ich meine, man muß irgend etwas tun. Man müßte –"
„Man müßte ihnen irgendwie helfen", sagte Annia nachdenklich.
„Vielleicht ist aber doch etwas dran", wendete Quintian ein. „Ich hab' nämlich mal gehört, daß die Christen kleine Kinder schlachten. Wenn sie sich versammeln, lassen sie keinen normalen Menschen zusehen. Das muß einen Grund haben –"
„Willst du damit sagen, daß Hyazinthus kleine Kinder schlachtet?" fragte ich zornig. Außer Hyazinthus kannte ich keinen einzigen Christen, aber Quintian kannte auch nicht mehr – dessen war ich gewiß ...

„Sie riechen nach Knoblauch . . .“

Quintian war schon vierzehn und wirklich nicht auf den Mund gefallen. In wenigen Wochen sollte er die Männertoga – ohne den kleinen roten Streifen der Kindertoga – tragen dürfen, damit war er der Älteste von uns und so gut wie erwachsen.
Er tat, als hätte er meine Frage überhaupt nicht gehört.
„Alle Christen können zaubern. Das steht fest“, rief er. „Ich finde, man sollte diese Leute wenigstens einsperren, damit man vor ihnen sicher ist –“
„Quintian hat recht“, sagte Annia. „Außerdem achten sie die Götter nicht und weigern sich, dem Genius des Kaisers zu opfern.“
„Hyazinthus kann nicht zaubern!“ widersprach Cornilla. Es war aber auch zu dumm, daß wir keine Christen außer Hyazinthus kannten. Wir hatten also keine Vergleichsmöglichkeiten und konnten Quintian deshalb nicht viel entgegensetzen.
„Was weißt du schon –“, sagte Quintian verächtlich. „Glaubt mir, an dem Gerede, daß die Christen an der Pest schuld sind, muß etwas dran sein. Wenn alle es sagen, dann muß irgend etwas Wahres dran sein –“
Während er weiterredete, begann Sextus mit Cornilla zu flüstern. Ab und zu warfen sie mir verstohlene Blicke zu. Sie schienen einen Plan auszuhecken.
„Ist euch etwa noch nicht aufgefallen, daß alle Christen krumme Nasen haben?“ fragte Quintian mit erhobener Stimme.
Commodus und ich waren einen Moment verblüfft. Darauf hatten wir noch nie geachtet. Aber jetzt,

wenn er das so sagte, warum nicht? Vielleicht hatte er recht. . .
„Du scheinst eine Menge Christen zu kennen“, sagte Sextus bissig.
„Diese Leute erkennt man doch auf eine Entfernung von einer halben Meile“, prahlte Quintian.
„Woran erkennst du sie?“ Jetzt wollte ich wissen, wie Quintian Christen auf eine so weite Entfernung erkennen konnte.
„Erstens riechen sie nach Knoblauch, und zweitens sieht man es ihnen doch einfach an –“
„Was?“ – „Daß sie kleine Kinder essen.“
Ich sah Sextus an. Sextus sah Cornilla an. Cornilla sah Commodus an. Commodus sah niemand an.
„Das kapier' ich nicht“, platzte er heraus.
„So doof kannst aber auch nur du sein!“ rief Quintian wütend.
Auf Commodus' Stirn zeichnete sich eine tiefe Falte ab, wie immer, wenn er angestrengt nachdachte. Quintians letzten Satz schien er gar nicht gehört zu haben. Schließlich schüttelte er den Kopf und sagte noch einmal: „Das hab' ich nicht begriffen.“
Ich aber nahm mir fest vor, in Zukunft ein Auge auf Leute mit krummen Nasen zu haben, die nach Knoblauch rochen und so aussahen, als ob sie kleine Kinder äßen . . .

Die heutige Sitzung des „Klubs der Raben“ war beendet. Commodus zog sich die Kapuze seines grauen Wollmantels über den Kopf und kletterte als erster den Olivenbaum hinunter. Quintian mußte über die Leiter nach unten in den Hühnerstall klettern, weil der Taubenausflug für ihn zu eng war.

Sextus tippte an meine Schulter. „Lukios?“
„Was ist los?“
„Halt dich heute nacht bereit.“
„Losungswort: Pertinax?“
„Nein, das hatten wir heute schon. Eine Eule wird zweimal hintereinander schreien –“
„Abgemacht –“
„Bring unbedingt einen Eimer mit roter Farbe mit. Bei euch wird doch angestrichen –“ Sextus kannte sich gut bei uns zu Hause aus.
„Geht in Ordnung.“ Ich platzte fast vor Neugier. Was mochte Sextus nur vorhaben? Doch es war Ehrensache für mich, ihn nicht zu fragen – ein Stoiker ist nicht neugierig.
„Um Mitternacht“, flüsterte Sextus noch schnell.
„Ich werde hellwach sein“, beteuerte ich. Ein Stoiker empfindet in der tiefsten Nacht keine besondere Müdigkeit. Ein Stoiker ißt nur das Notwendigste, Wagenrennen interessieren ihn nicht, Boxkämpfe locken ihn nicht. Es ist ziemlich schwer, Stoiker zu werden . . .
Ich hatte kaum den Fuß, natürlich den rechten, über die Schwelle unseres Hauses in der Jupiterstraße gesetzt, da brach das Donnerwetter auch schon über mich herein.
„Wo sind die Lorbeerblätter?“ Tante Fabia packte mich an den Schultern und sah mir besorgt ins Gesicht, als suche sie dort etwas. „Lukios, wo die Lorbeerblätter sind, habe ich gefragt! Antworte!“
Dann tat sie etwas, was so ungewöhnlich war, daß es mich ernstlich erschreckte – sie redete mich mit meinem vollen und richtigen Namen an: „Lucius Ceionius Commodus, du unbedachter Junge –“

Jetzt tauchte zum Glück Marcia auf; ich hoffte stark darauf, daß sie mir beistehen würde. Sie war weit mehr als unsere Köchin, sie, Hyazinthus' Pflegetochter und, wie er, durch das Testament meines verstorbenen Vaters freigelassen. Immer war sie klug und hilfsbereit. Um ein paar Jahre älter als meine Schwester Annia, mit der sie eng befreundet war, genoß sie das volle Vertrauen Tante Fabias und meiner Mutter.

„O Domina, Lukios ist sehr blaß!“ rief Marcia.

„Schnell, lauf, hol frische Lorbeerblätter!“ bat meine Tante sie, und es hörte sich an, als sei sie schwer erkältet.

Marcia huschte davon, auch ihre Stimme hatte verschnupft geklungen. Jetzt erst fiel es mir wieder ein: Galenus hatte der ganzen Familie verordnet, sich Lorbeerblätter in die Nase zu stecken, um sich vor Ansteckung zu schützen. Ich versichere euch, es ist kein Vergnügen, mit Lorbeerblättern in der Nase herumzulaufen. Deshalb hatte ich sie schon morgens vor dem Bad entfernt, fortgeworfen und die Sache vergessen.

„In der Stadt hast du dich herumgetrieben, unvernünftiges Kind“, schimpfte Tante Fabia, „wenn du wüßtest, wie sehr du dir damit vielleicht geschadet hast! Aber ich müßte mir wohl selbst die größten Vorwürfe machen. Meine Schuld ist es. Ich habe versäumt, dir zu sagen, in welcher Gefahr wir uns alle befinden. Ich fürchte, du bist der einzige im Haus, der noch nicht weiß, worum es geht – die Pest ist ausgebrochen, Lukios, die Pest!“

Da sagte sie mir nichts Neues. Dennoch gab ich mir Mühe, ein erstauntes Gesicht zu machen.

„Onkel Ummidius hat dem Gott Äskulap und der erhabenen Salus einen Altar gelobt, für den Fall, daß unser Haus von der Krankheit verschont bleibt. Ich selbst habe noch heute morgen der Fiebergöttin ein reiches Opfer spenden lassen . . .“
Glücklicherweise kam nun Marcia zurück. Behutsam schob sie mir je zwei stark duftende Lorbeerblätter in jedes Nasenloch. Mir war unbehaglich zumute.
„Domina, man hätte es ihm doch nicht sagen sollen. Er wird sich ängstigen“, gab Marcia zu bedenken.
„Wenn er nur den Mut verloren hat, sich in der Stadt herumzudrücken!“ rief Tante Fabia. „Galenus sagte, die Gefahr, sich in Rom anzustecken, wüchse mit jedem Tag. Wenn wir doch schon in Lanuvium wären!“
„Leider können wir erst nächste Woche fahren“, erklärte Marcia.
„Die ganze Familie wird dieses Mal mitkommen, und die meisten Sklaven auch. Commodus fährt möglicherweise etwas früher. Du weißt ja, in Lanuvium ist die Luft viel besser als hier –“
Das war eine freudige Nachricht! Nach Lanuvium ging es normalerweise immer erst im Hochsommer, wenn es sich hier in der Stadt vor Hitze nicht mehr aushalten ließ.
Lanuvium – das bedeutete für mich rudern, im See schwimmen, angeln, reiten, Sommerferien . . .
„Die Familie von Sextus hat zugesagt, daß Sextus mit uns kommt. Er wird bei uns wohnen. Freust du dich jetzt?“
„Und wie“, strahlte ich.
„Und Hyazinthus, stell dir das einmal vor“, schmunzelte Tante Fabia, „der fährt nach Kleinasien.“

Schon wieder glaubte sie, mir eine Überraschung mitgeteilt zu haben.
„Du hast richtig gehört, Lukios: natürlich fällt der Unterricht aus – ihr dürft den ganzen Tag lang schwimmen und auf Hasenjagd gehen."
Zu jedem anderen Zeitpunkt wären das gute Nachrichten gewesen – aber heute? Sie dürfen es mir nicht anmerken, dachte ich, während sie weiterredeten und mir die Ferien in Lanuvium in den buntesten Farben ausmalten. Sie dürfen nicht merken, daß ich alles weiß ...
„Wie ich Hyazinthus beneide! Griechenland und Kleinasien! Die halbe Welt wird er sehen! Wenn ich mich nur einmal hier von meinen Pflichten losreißen könnte. Der glückliche Hyazinthus –"
Meine Tante ist sehr redegewandt. Aber ich weiß sehr genau und wußte es auch schon damals: Wenn Erwachsene lügen, dann wissen sie in Wirklichkeit nicht mehr weiter. Ein Gefühl von Angst stieg in mir auf, als sei nun überhaupt nichts mehr sicher.
„Ist das nicht herrlich? In einer Woche werden wir alle in unserer Sommervilla in Lanuvium sein!" rief Tante Fabia in gespielter Begeisterung.
Wie sehr sie sich doch irren sollte ...

Hyazinthus erfährt ein großes Geheimnis

Ganz genau erinnere ich mich an den Abend dieses Tages, des zweiten vor den Kalenden des Mai ...
An Euphrat, der unten im Innenhof neben der großen Palme auf dem Marmorbänkchen saß und eine

Flöte schnitzte. Und daran, daß Tigris gerade heute sehr traurig war, weil ihm jemand beim Baden in den öffentlichen Thermen seinen Mantel gestohlen hatte. An die bedrückte Stimmung im ganzen Haus. Aus den Kohlebecken duftete es nach den verschiedensten Wohlgerüchen, die vor der Krankheit schützen sollten.

Hyazinthus bereitete sich auf seine Abreise vor. Es war keineswegs eine kürzere Reise, wie Tante Fabia behauptet hatte – nein, diesmal stand ein Abschied für längere Zeit bevor. Das sah ich auf den ersten Blick.

Auf Hyazinthus' Bett waren eine Menge Kleidungsstücke ausgebreitet, darunter auch sein abgetragener grauer Reisemantel und der Wanderstab, aus einem nur roh bearbeiteten Ast geschnitzt, so einer, wie ihn alle Philosophen in Italien und Griechenland haben. In wildester Unordnung lagen auf dem Fußboden viele Buchrollen zwischen mehreren Holzkisten verstreut.

„Ich will nicht stören", stammelte ich, obwohl völlig klar war, daß ich genau das jetzt tat. „Es geht ganz schnell. Ich hab' nur noch eine Frage –"

Mein alter Lehrer stand am Fenster und sah durch das bläuliche Glas hinaus in den Innenhof mit der Palme, die sich im Wind bog. Ich hatte das Gefühl, mich beeilen zu müssen, und stieß hastig hervor: „Stimmt es, daß die Christen kleine Kinder schlachten?"

Jetzt war es endlich heraus. Diese Frage hatte ich ihm stellen müssen.

Hyazinthus drehte sich zu mir um und sah mich groß an: „Lukios, wer hat dir diesen Unsinn erzählt?"

„Quintian hat es gesagt. Und ein Philosoph, den ich am Titusbogen getroffen habe."
„Du meinst, der Mann hatte einen Bart. Ein Bart bedeutet noch nicht unbedingt, daß man ein Philosoph ist. Man muß scharf unterscheiden."
„Tun sie es?"
„Nein", sagte Hyazinthus, „sie tun es nicht. Dafür garantiere ich."
Ein Stein fiel mir vom Herzen. Ihr müßt verstehen, Hyazinthus gehört zu den wenigen Menschen, von denen ich weiß, daß sie nicht lügen, auch nicht bei unangenehmen Fragen. Sogar nach der Uhrzeit kann man ihn fragen, und er kennt sie – das will etwas heißen ...
Mein Stiefvater Claudius Pompeianus war vor drei Jahren, wie ich schon erwähnt habe, einmal kurz in Rom, und ich habe die besten Erinnerungen an ihn. Ob er so ähnlich ist wie Hyazinthus? Ich könnte es mir denken. Als ich noch kleiner war, habe ich oft über diesen Stiefvater nachgedacht und mir ausgemalt, er wäre so wie Hyazinthus.
Natürlich kenne ich das Sprichwort: „Trau nie einem Sklaven. Alle Sklaven lügen." Hyazinthus ist als Sklave geboren worden. Aber ich kann nur sagen: An dem Sprichwort ist nichts dran. Hyazinthus, dem freigelassenen Sklaven, traue ich mehr als beispielsweise Quintian, dem Senatorensohn.
„Lukios, glaub mir, die Christen sind die letzten, die kleine Kinder schlachten würden. Es ist ein großes Unglück für uns, daß solche Gerüchte ausgestreut werden –"
„Für uns", hatte er gesagt. Also war er ein richtiger Christ! Zum ersten Mal hatte er es damit selbst vor

mir gesagt. Nach dieser Antwort wuchs mein Mut. „Sag mir doch bitte schnell, was für Leute die Christen sind“, bat ich kurzerhand. Hyazinthus dachte einen Moment lang nach. Mir kamen jetzt wieder Bedenken. Für ihn mußten ja diese Minuten doppelt wertvoll sein – in zwei Stunden würde der Reisewagen eintreffen, der ihn nach Ostia bringen sollte.
Er wollte seine Kisten packen, Briefe an alle möglichen Freunde schreiben. Er konnte heute abend keine Zeit haben für einen neugierigen Jungen, der ihm irgendwelche Fragen stellte. Das wußte ich nur zu gut – aber ich wußte noch viel mehr, ich wußte, daß er für lange Zeit, vielleicht für immer, nach Pergamon in Kleinasien reisen würde. Deshalb zählte auch für mich jetzt jede Minute . . .
Wie wenig ich doch eigentlich von ihm wußte! Hyazinthus sprach über vieles, aber nur selten über sich. Sein einziger Sohn und seine Schwiegertochter waren vor vielen Jahren auf einem Spaziergang vom Blitz erschlagen worden, und sein einziges Enkelkind war früh gestorben – das hatte Marcia mir einmal erzählt.
Hyazinthus schob ein paar alte, stockfleckige Buchrollen zur Seite und setzte sich auf eine umgestülpte Kiste.
„Wenn man etwas nicht weiß, muß man so lange Fragen stellen, bis man es weiß“, sagte er mit einem Lächeln. „Setz dich, Lukios, wir wollen uns unterhalten . . .“
Ich ließ mich vor ihm auf dem Boden nieder.
„Die Christen lehnen jede Gewaltanwendung ab“, begann er mir zu erklären. „Was das bedeutet, wirst du dir noch nicht vorstellen können. Gewalt – das

heißt: ein Kind wird geschlagen, ein Sklave wird ausgepeitscht, ein Sklave, der ein Verbrechen begangen hat, wird gekreuzigt oder vor die wilden Tiere geworfen, einem Sarmaten wird der Kopf abgeschlagen, Dinge, die du ganz normal findest, Lukios –"

Ein unartiges Kind wird geschlagen, ein ungehorsamer Sklave wird ausgepeitscht – natürlich war das normal, das war das Leben, das geschah jeden Tag.

„Ich hab' einmal zugesehen, wie ein Centurio einen untergeordneten Legionär mit dem Stock bestraft hat", fiel mir ein.

„Es wird gar nicht mehr lange dauern", fuhr Hyazinthus fort, „vielleicht noch zehn, höchstens zwanzig Jahre, wenn unsere Lehre sich noch weiter verbreitet hat, dann werden die Menschen einsehen, daß sie kein Recht dazu haben, einen Sklaven auszupeitschen, ein Kind zu schlagen, einen Verbrecher zu kreuzigen und einem gefangenen Germanen den Kopf abzuschlagen. Die blutigen Gladiatorenkämpfe werden abgeschafft werden –"

„Du meinst, es wird dann keine Fechterspiele mehr geben und keine Löwenkämpfe? Die Christen wollen das alles abschaffen?"

Hyazinthus nickte. „Tausende sterben jedes Jahr auf dem blutbespritzten Sand der Arena, in Rom, in Italien, in Afrika, in Kleinasien, Griechenland, Germanien – in der ganzen Welt. Wozu werden die Amphitheater in den Städten gebaut? Wie kann ein denkender Mensch Freude empfinden, wenn Menschen in der Arena um ihr Leben kämpfen?"

„Das ist ja gerade das Spannende dabei", sagte ich ein wenig hilflos. „Alle gehen schließlich ins Kolosseum und sehen sich die Gladiatorenspiele an, was soll schon Böses daran sein? Meistens sind es doch Verbrecher, die bestraft werden sollen und deshalb kämpfen müssen, oder Sklaven. Wenn ein Sklave zum Gladiatoren ausgebildet worden ist, dann hat er eine große Chance, sehr viel Geld zu verdienen, so viel, daß er sich später einmal freikaufen kann. Und sie werden von allen bewundert, ist das nichts?"

„Kennst du den schrecklichen Eid, den jeder Fechter schwören muß, ehe er in die Gladiatorenschule eintritt, Lukios?"

Und ob ich ihn kannte!

„Ich schwöre, daß ich bereit bin, mich mit Ruten schlagen, mit Feuer brennen und mit Eisen töten zu lassen, so heißt er", sagte Hyazinthus traurig.

Die Gladiatorenkämpfe abschaffen?

„Solange die Welt besteht, wird es Gladiatorenkämpfe geben", widersprach ich. Aber dann fiel mir plötzlich ein, was auf den Straßen gerufen wurde und was auf vielen Häusermauern in der Stadt geschrieben stand: *Vor die Löwen mit den Christen!*

„Und trotzdem wird es Löwenkämpfe immer geben. Vielen Gladiatoren macht ihr Beruf Spaß, einige üben ihn freiwillig aus –" Die Christen waren also Leute, die die Welt, so wie sie war, auf den Kopf stellen wollten. Deswegen verfolgte man sie wahrscheinlich auch. Klar, daß sie den Göttern nicht opferten, wenn sie so dachten. Irgendwie war ich fast traurig darüber, daß Hyazinthus nichts von Tierkämpfen in der Arena hielt, mochten sie noch so aufregend sein, wenn ich ihn auch zum Teil verstehen konnte.

Unser Gespräch war damit fast zu Ende.

„Schreib mir mal einen Brief nach Pergamon –"

Ich versprach es.
„Wenn du groß bist, wirst du sicher einmal Konsul –"
„Ich möchte etwas anderes werden", sagte ich. Rennfahrer hatte ich werden wollen, als ich noch jünger war. Aber seit einiger Zeit hatte ich einen anderen Plan gefaßt: Arzt würde ich werden, so einer wie Galenus, nur nicht so berühmt natürlich. Deshalb hatte ich so viel Griechisch gelernt. Keinem Menschen hatte ich jemals etwas davon gesagt. Aber jeden Tag hatte ich daran gedacht – kein Konsul, kein Ädil, kein Prätor und kein Quästor – Arzt.
„Arzt!" sagte ich nun laut.
„Es schickt sich nicht, daß der Sohn eines Kaisers*, Enkel des regierenden und Neffe des zukünftigen Kaisers Arzt wird", sagte Hyazinthus und lächelte ungläubig. Aber mehr sagte er nicht. In diesem Moment spürte ich, er traute mir alles zu, auch das.
„*Vale*, Hyazinthus", murmelte ich. „*Euchairein***, Lukios", antwortete Hyazinthus auf griechisch.

Eine Eule wird schreien

In aller Stille, in aller Heimlichkeit, hielt etwa zwei Stunden nach diesem Gespräch der Reisewagen, mit zwei Pferden bespannt, vor unserem Haus. Mich hatte man vorher ins Bett geschickt. So beobachtete ich nun Hyazinthus' Abreise hinter dem Vorhang meines Fensters. Ich sah, wie Euphrat das Gepäck und die Bücherkisten im Wagen verstaute. Dann

* Lucius Verus, der verstorbene Vater des Lukios, war Mitkaiser von 161–169 n. Chr.
** Wohlergehen

zogen die Pferde schon an, Hyazinthus winkte noch einmal kurz zu meiner Mutter und Tante Fabia herüber.
Mit einem knarrenden Geräusch setzten sich die Räder des Wagens in Bewegung. Der Wagen holperte über das Pflaster der Straße davon.
Ich zog den Vorhang wieder zu – an schlafen war nicht zu denken; ich war hellwach. Unter meinem Bett lag, gut versteckt, eine dickbäuchige, nicht eben leichte Amphore, bis oben hin mit roter Farbe gefüllt. Es war mir gelungen, sie in der allgemeinen Aufregung und Aufbruchsstimmung klammheimlich „auszuleihen“ und nach oben zu schaffen.
Ab und zu klapperten Pferdehufe über die Straße, und man hörte einen Wagen vorbeirollen.
„Rote Farbe“, hatte Sextus gesagt. Blöde, da Rot für die Bemalung von Innenräumen gerade groß in Mode war, hatte ich leider keinen kleineren Farbbehälter auftreiben können. Die Maler benötigten solche Unmengen roter Farbe, daß gleich mehrere Amphoren davon unten in dem kleinen Raum, in dem sie ihre Geräte aufgebaut hatten, bereitgestellt waren.
Unser Pech ... Denn zum Umfüllen hatte die Zeit nun auch nicht mehr ausgereicht. Durch die Seitenhenkel der Amphore hatte ich ein Seil gezogen.
Mein Zimmer liegt im ersten Stock unseres Hauses an der Ecke. Es hat zwei Fenster, eines zur Jupiterstraße hin, das andere zum Garten an der Schmalseite des Hauses. Nichts war zu hören als das Plätschern des kleinen Brunnens und das Rauschen der Palme im Wind.
Da, plötzlich, das mußte Sextus sein!

Jetzt schrie die Eule zum zweiten Mal, langsam und schauerlich gedehnt. Behutsam und darauf bedacht, jeden unnötigen Lärm zu vermeiden, rollte ich die Amphore bis an die Wand vor dem Gartenfenster, hob sie hoch und ließ sie vorsichtig am Seil hinunter. Unten standen Sextus und Cornilla in ihren grauen Kapuzenmänteln. Cornilla winkte mir. Langsam senkte ich die Amphore; dabei streifte sie mit einem Knirschen leicht die Hauswand, das war nicht zu verhindern gewesen. Meine beiden Freunde fingen sie auf. Der Rest war schnell getan: Mit einer einzigen Bewegung schwang ich mich hinterher und ließ mich am gleichen Seil, das ich an einem Haken für die Fensterläden befestigt hatte, hinabgleiten. Mit einem Messer wurde die Amphore losgeschnitten.
„Sollte das ein schlechter Witz sein?“ zischte Cornilla mir wütend entgegen.
„Was?“ „Mit der Amphore – du *nepios!*“
Nepios – ein übles griechisches Schimpfwort – Dummkopf – hatte sie mich genannt!
„Wir werden schon eine größere Menge roter Farbe brauchen“, schaltete sich Sextus ein. „Schimpf also nicht mit Lukios. Er hat sein Bestes getan.“
Wir beiden Männer trugen gemeinsam die Amphore. Sextus lud den Hals auf seine Schultern, ich hielt unser gutes Stück hinten fest. Leise gluckerte die Farbe, während wir über das holprige Pflaster der Jupiterstraße trabten – in Richtung Forum. Cornilla hastete hinter uns her. Um diese Zeit war kein Mensch mehr unterwegs. Auch die Heilige Straße lag wie ausgestorben.
Die Wachsoldaten am Titusbogen saßen auf dem Straßenrand und schliefen fest.

Die Würfelbecher lagen neben ihnen auf dem Boden.
Es war Vollmond, aber der Himmel war bewölkt, so daß der Mond ab und zu hinter den Wolken verschwand. Dann war es jedesmal einen Moment lang so dunkel, daß wir Mühe hatten, nicht zu stolpern.
So, bis hierhin hatten wir es geschafft. Gerade erschien der Mond wieder; sekundenlang war es fast abendlich hell. Der Tempel Mars', des Rächers, vor dem wir standen, warf einen gigantischen Schatten quer über die Straße.
„Da um die Ecke –"
„Also, wollen wir wetten? Ich hab' das deutliche Gefühl, daß heute abend etwas schiefgehn wird", stichelte Cornilla. „Ich bin heute morgen mit dem linken Fuß zuerst aufgestanden. Zum letzten Mal ist mir das in Lanuvium passiert. Und an dem Tag bin ich von der Schlange gebissen worden, als wir Ball gespielt haben ... Und dann noch die schwere Amphore! Es geht bestimmt nicht gut, so etwas ahne ich –"
Sextus versuchte, sie zu beruhigen. „Wart's ab. Morgen früh werden die Leute aus ihren Fenstern sehen und ganz erstaunt sein."
Nichts gegen meinen Freund Sextus – trotzdem, fand ich, trieb er die „Geheimhaltung" manchmal etwas zu weit, sogar für einen werdenden Stoiker war *das* zu viel.
„Beim Herkules, nur ich weiß immer noch nicht, was ihr geplant habt –"
„Nepios", kicherte Cornilla. Sie gebrauchte griechische Kraftausdrücke in der Meinung, sie seien dann feiner. Der Mond verschwand gerade jetzt hinter den

Wolken. Im nächsten Moment war es stockfinster.
„Lukios!“ rief Cornilla hinter mir her.
„Ja?“
„Meine Sandale ist aufgegangen. Wartet mal –“
Sextus hastete weiter.
„Wartet doch!“
„Die findet uns schon“, sagte Sextus zu mir. „Wir sind nämlich so gut wie da. Cornilla weiß Bescheid –“
Weiter ging's.
„Wartet!“ Das war noch einmal, jetzt schon aus der Ferne, Cornillas piepsige Mädchenstimme.
Und dann – das war sie jedenfalls nicht. Oder etwa doch?
„Sextus, Sextus! Bleib stehn“, flüsterte ich.
„Was hast du denn?“
„Da – pst –“
„In den Hauseingang, Lukios, los.“
Zitternd drückten wir uns an eine Tür und lauschten. Wieder konnten wir nicht die Hand vor den Augen sehen, so dunkel war es. Ein markerschütternder Schrei gellte jetzt zum zweiten Mal über die Straße. O ihr Götter, ich hatte richtig gehört: das war Cornilla!
Eine Gänsehaut lief mir über die Arme. Die Amphore, von mir und Sextus gehalten, zitterte zwischen uns.
„Wir müssen ihr helfen!“ flüsterte ich.
„Wir *können* ihr nicht helfen“, hauchte Sextus zurück. Schwere Schritte von eisenbenagelten Stiefeln dröhnten in diesem Moment kaum eine Armlänge von uns entfernt vorbei. Eine rauhe Stimme mit äthiopischem Akzent sagte:

„Tut uns leid, hohe Prinzessin, selbstverständlich werden wir Sie jetzt sofort nach Hause bringen –"
Mir wurde leichter ums Herz, auch Sextus hörte ich neben mir im Dunkeln aufatmen.
Die Schritte entfernten sich; nur Cornillas lautes Schimpfen und die besänftigenden Worte der äthiopischen Leibwächter waren noch eine Weile zu hören . . .
„Ein Sklavenleben ist es. Ich werde meinem Vater einen Brief schreiben –"
„Wir bedauern außerordentlich, hohe Prinzessin –"
„Und wenn mein Bruder dann mal Kaiser ist –"
„Wir führen nur unsere Befehle aus –"
Von irgendwoher bellte nun ein Hund, den der Lärm aus dem Schlaf geweckt hatte.
„Ich werde der Fortuna Felix zwei Tauben opfern", stieß Sextus hervor. „Wir hatten großes Glück – sie haben nur Cornilla erwischt. Fast hätten sie uns auch geschnappt –"
Mir war leicht übel vor Angst. Zaghaft und mit gepreßter Stimme wagte ich, Sextus einen ungeheuerlichen Vorschlag zu unterbreiten: „Sollten wir nicht – vielleicht besser – einfach wieder nach Hause gehen?"
„Und du willst ein ‚Rabe' sein?" Sogar in der Dunkelheit glaubte ich Sextus' stechenden Blick zu spüren, mit dem er mich bei diesen Worten von oben bis unten musterte. Damit war also nichts.
Wir gingen weiter; noch immer war mir nicht klar, was eigentlich heute nacht geschehen sollte.
Plötzlich blieb Sextus einfach stehen – in einer Seitenstraße an der großen Bibliothek neben dem Trajansmarkt – und sagte:

„Wir sind da.“
Ein kühler Wind strich durch die Straßen. Wieder war der Mond einen kurzen Moment lang halb zu sehen.
Im kalten bläulichen Licht wurde die Bibliothek mit ihren Holzumbauten sichtbar. Die Gerüste knarrten leise. Ich kam mir winzig vor. Es ließ sich auch gar nicht leugnen: Ich hatte Angst.
Wie ich den mutigen Sextus jetzt bewunderte!
Konsul werden? Löwen töten? Große Taten vollbringen?
Ich sehnte mich nicht nach Abenteuern, wie es für Sextus oder Commodus so selbstverständlich war ...
Mit der rechten Hand hielt ich die Amphore, mit der linken zog ich mir die Kapuze meines warmen britannischen Wollmantels über den Kopf. Sie war heruntergerutscht.
„Los, pack an!“
„Bist du wahnsinnig geworden? Willst du die Aussicht von da oben genießen? Rom bei Nacht, oder so etwas?“
„Weder noch“, sagte Sextus und zog mich auch schon mit sich. „Komm, Lukios! Bist du schwindelfrei, und hast du Mut?“
„Weder noch“, brachte ich heraus, während meine Zähne aufeinanderschlugen.
Immerhin schien wenigstens der Mond, als wir die Leiter hinaufkletterten. Ihr lest richtig: die Leiter. Sprosse für Sprosse stiegen wir hoch, bis zur ersten Etage des Gerüsts, das auf dieser Seite der Bibliothek aufgebaut war.
Solltet ihr einmal nach Rom kommen, seht euch die Bibliothek nur an – sie ist ganz schön hoch – und

denkt dabei an mich. Mein Herz blubberte. Die Farbe in der Amphore blubberte. Der Mond leuchtete, hinter einer Wolke halb versteckt, auf uns herab. So konnten wir sehen, wohin wir traten.
Wir stiegen noch höher. Der Mond schien weiter für uns, nun sogar zu drei Vierteln.
„Erklär mir endlich, was das soll!" keuchte ich. „Soll es eine Mutprobe werden?"
Sextus blieb stehen, er stand zwei Sprossen über mir – ich hielt das gesamte Gewicht der Amphore.
„Hast du es wirklich noch nicht kapiert?"
„Beim Herkules, nein. Niemand hat mir etwas gesagt. Woher soll ich –"
„Wir werden noch ein bißchen höher klettern, und dann schreiben wir etwas an die Wand. Ich hab' drei Pinsel mitgebracht. Wir werden senkrecht schreiben. Du mußt unten anfangen, weil du ja nicht schwindelfrei bist. Ich oben –"
Ich war jetzt ziemlich gereizt.
„*Was* schreiben wir drauf? Ich will es endlich auch wissen."
„Na, ja – man könnte –"
„Sag bloß, du weißt es nicht", höhnte ich.
„Cornilla hatte sich etwas ganz Tolles ausgedacht –"
„Sag's doch endlich!"
„Einen kurzen, treffenden und irgendwie doch lustigen Satz. Knapp muß er natürlich sein, denn wir müssen ihn ja aufpinseln, einverstanden?"
Ich war es.
„Darf ich die Amphore einen Moment absetzen?"
„Wir gehn lieber weiter", entschied Sextus.
Das taten wir.
„Knapp und witzig", fuhr er fort, „so daß die

Römer, wenn sie morgens zum Fenster hinaussehen und unseren Spruch lesen, erst mal lachen, aber dann sollen sie nachdenklich werden."
Ich nickte vor mich hin – kurz und witzig und auch wieder so, daß man nachdenklich werden würde . . .
„Sag doch etwas, Lukios!"
„Find' ich toll, daß ihr so einen Satz erfunden habt. Mir wäre er vermutlich nicht so gut gelungen –"
„Willst dich wohl lustig über mich machen? Ziemlich billig von dir –"
„Ich dachte, Cornilla hätte sich einen Satz ausgedacht", verteidigte ich mich.
„*Hat* sie ja auch. Aber nach der obersten Regel des ‚Klubs der Raben' wollte sie ihn geheimhalten und ihn dann erst, wenn wir oben wären, verkünden. Genauer gesagt: Wir haben Pinsel und Farbe, aber keinen Satz, begreif es endlich!"
Einen Moment stand ich sprachlos da.
„Dann müssen wir was ganz Einfaches schreiben, Sextus.
Zum Beispiel: Seid gut zu den Christen!"
„Heureka!"* jubelte Sextus, „den Satz können wir nehmen!"
Sextus nahm den Deckel der Amphore und seinen Pinsel mit sich und stieg noch etwas höher, während ich mit diesem Ungetüm von einer Amphore auf meinem Platz blieb und wütend drauflos pinselte. Natürlich unterlief mir in der Aufregung auch noch ein unverzeihlicher Fehler: ich vergaß den Buchstaben H . . .
Das, was wir in mühevoller Arbeit endlich hinbekamen, sah ungefähr so aus, soweit wir es in der Dunkelheit überhaupt erkennen konnten:

*„Ich hab's gefunden!" (griechisch)

SE

İD

GVT

ZV

DEN

CR

İST

EN !

Es war nicht besonders einfallsreich, wirklich nicht, ganz davon zu schweigen, daß es witzig hatte sein sollen. Und ob irgend jemand darüber nachdenken würde, das erschien mir auch noch fraglich.

„Hoffentlich können sie es richtig lesen“, murmelte Sextus.

„Den Schreibfehler sieht man fast gar nicht.“

Aber trotz allem – da stand es nun an der Wand der Bibliothek! Morgen würden es einige Leute lesen!

„Seid gut zu den Christen“, wiederholte Sextus, beinahe betrübt. „Etwas Schlaueres ist uns in der Eile nicht eingefallen.“

„Und dann mußte es ja auch kurz sein –“

„Vielleicht halten manche Leute es für einen Witz.“

„Dann sind wir und Cornilla die einzigen, die wissen, daß es todernst ist –“

Solche Zweifel plagten uns jetzt. Seltsam, dauernd mußte ich an Hyazinthus denken und den Ausruf *Vor die Löwen mit den Christen!*

„Wir steigen wieder runter –“

„Einverstanden, Sextus –“

„Jetz trag' ich die Amphore allein, sie ist ja leichter geworden. Laß mich vorangehn –“

„Gib mir die Pinsel –“

Leise knarrte das Gerüst im Wind. Noch immer schien der Mond. Mit eiligen Schritten kletterte Sextus voran. Ich folgte ihm etwas langsamer. Meine Hände waren klebrig von der Farbe. Irgendwie klebten auch meine Haare. Sextus hatte am Schluß ziemlich dicht über mir gearbeitet und sich beeilt fertig zu werden. Wie müde wir jetzt waren!

Ich gähnte und hielt einen Augenblick inne. Nur noch wenige Sprossen der Leiter lagen unter uns –

und dann: ab nach Hause, ins warme Bett. Den Morgenempfang bei Commodus würden wir ausnahmsweise schwänzen. Jawohl! Den Festzug zu Ehren der Göttin der Gärtner, Flora, bei dem Bohnen und Lupinensamen über die festlich mit Blumen geschmückten Straßen Roms gestreut wurden, den würden wir ebenfalls versäumen ...
Als ich mir das gerade überlegte, wurde es unvermittelt stockdunkel, als hätte jemand den Mond wie ein Öllämpchen einfach ausgeblasen; eine große Wolke hatte sich vor ihn geschoben. Behutsam tastete ich mit dem einen Fuß nach der nächsten Sprosse: die Abstände waren nicht immer gleichmäßig. Da war sie – ich zog den anderen Fuß nach.
„Gleich sind wir unten!" rief Sextus herauf.
Im nächsten Augenblick herrschte wieder Stille. Nur ganz weit entfernt hörte man die Wagen rollen und Pferdehufe klappern. Dann – ein Krachen, ein Schrei – oder war der Schrei zuerst gewesen, ich weiß es nicht mehr. Aber – und das begriff ich sofort – die Amphore war heruntergefallen und auf dem steinernen Pflaster der Straße in tausend Scherben zerborsten.
Was sonst noch geschehen war, daran wagte ich nicht zu denken. Nun war alles wieder still, unheimlich still.
„Sextus", rief ich.
Totenstille, nur der Wind wehte.
„Sextus, hörst du mich nicht?"
Keine Antwort.
„Sag doch etwas!" rief ich voller Angst.
Vor mir, hinter mir, über mir und unter mir war alles tiefschwarz. Ich klammerte mich einen Moment lang

an den Rändern der Leiter fest – ich weiß nicht mehr, wie ich auf den Boden gekommen bin, möglich, daß ich mich einfach nur noch hinuntergleiten ließ. Unten angekommen, spürte ich die festen Steine der Straße unter meinen Sandalen und stieß gegen die klebrigen Trümmer der Amphore. Alles klebte hier unten.

„Sextus, Sextus! Wo bist du?"

Da endlich antwortete mir ein schwaches Stöhnen am Fuß der Leiter. „Bist du verletzt? Sag doch etwas!"

Ich kniete auf dem Boden nieder und bekam einen Arm von Sextus zu fassen.

„Laß los, das tut weh", stöhnte er, „du, ich kann mich nicht bewegen."

„Wo tut es weh? Ist es schlimm?"

„Ich weiß es nicht. Sicher wird es gleich wieder besser."

Die Dunkelheit war fast undurchdringlich. Ich konnte nur sehr undeutlich gerade Sextus' Gesicht erkennen, das sich von der dunkleren Umrahmung der Kapuze heller abhob.

„Ist das Blut?" fragte ich erschreckt. Sextus' Arm und sein Mantel waren voll von einer klebrigen Flüssigkeit.

„Eher Farbe", kam es zurück. „Hilf mir bitte aufstehen. Es muß ja irgendwie möglich sein –"

Mühsam versuchte Sextus sich zu erheben, doch es gelang ihm nicht. Jetzt wurde mir angst und bange.

„Sextus, was sollen wir tun? Glaubst du, es wird besser?"

„Ein paar blaue Flecken hab' ich abgekriegt, weiter nichts", stöhnte Sextus. Aber es klang nicht sehr

überzeugend. Er zuckte plötzlich zusammen. „Das war mein Fuß – ich muß es noch einmal probieren – au –"
Offenbar hatte er ziemliche Schmerzen. Aufstehen konnte er nicht, sooft er es auch versuchte.
„Wir müssen etwas tun."
„Sei nicht ungeduldig, Lukios. Es wird jetzt nämlich besser. Ich spüre es ganz deutlich –"
Es wurde natürlich nicht besser, es wurde immer schlimmer. „Meine Schulter", jammerte Sextus entgegen allen stoischen Grundsätzen. „Mein Fuß, mein Arm, meine Füße – au –"
„Warte auf mich", schlug ich schließlich schlechten Gewissens vor, als sein Jammern immer lauter wurde, „ich werde ganz schnell nach Hause laufen und Euphrat und eine Tragbahre holen. Es dauert nicht lang, bis ich wieder hier bin –"
„Muß das wirklich sein?"
„Es geht nicht anders –"
„Aber wenn dann alles rauskommt? Was dann?"
„Euphrat ist verschwiegen. Er wird kein Wort weitererzählen."
„Ja dann – dann beeil dich, Lukios. Es tut so unheimlich weh. Bitte beeil dich!"
„Ich bin bald wieder da", versprach ich. Damit rannte ich auch schon los – so schnell wie die Hasen in Lanuvium vor den großen Molosserhunden rannten, wenn wir im Sommer auf die Jagd gingen. Als gelte es mein Leben!

„Triff du dich mit Jullus – ich kann nicht“

Als ich endlich, vom Laufen erhitzt, mein Ziel erreicht hatte, ließ mich der Torhüter, ein älterer freundlicher Sklave, in unser Haus ein, ohne eine Bemerkung zu machen oder Erstaunen darüber zu zeigen, daß ich erst so spät kam. Wahrscheinlich wollte er keinen Ärger mit meiner Mutter haben und danach gefragt werden, wann er mich zur Tür hinausgelassen hätte. Fast alle Bewohner des Hauses lagen schon in tiefem Schlaf. Der einzige Raum, in dem noch Licht brannte, war das Speisezimmer. Im Schein von zwei an den Wänden befestigten Fackeln räumte Euphrat die dreifüßigen Klapptische aus Bronze, die zum Abendessen vor die Speisesofas gestellt worden waren, in einen Nebenraum, während Tigris die auf dem Mosaikboden verstreut liegenden Austernschalen mit einem Besen zusammenkehrte.

„Ich dachte, du liegst längst im Bett“, sagte Euphrat, als ich auf Zehenspitzen ins Zimmer trat.

„Willst uns wohl helfen“, grinste Tigris und mußte über seinen Witz kichern.

Euphrat stieß plötzlich einen kleinen Schrei aus, der mit Leichtigkeit das halbe Haus hätte wecken können. „Sieh mal, Tigris, der Boden ist voller blutiger Fußstapfen!“

„Lukios ist ganz rot im Gesicht“, rief Tigris und betrachtete mich, als sei ich ein Gespenst.

„O ihr Götter, Lukios ist von einer thessalischen Hexe verzaubert worden“, stöhnte Euphrat.

„Das kann nur die Farbe sein“, versuchte ich, die beiden zu beruhigen. Ich befühlte mein Gesicht, es

war ganz klebrig. „Bitte seid leise. Schreit nicht so! Wenn zum Beispiel Tante Fabia jetzt wach würde –“
„Es ist Blut“, sagte Euphrat mit Grabesstimme. Er liebte Gruselgeschichten und war auch nicht abgeneigt, selbst welche zu erleben.
„Riech mal“, sagte Tigris, „es muß Farbe sein –“
Euphrat schnupperte und schluckte, jetzt vor Empörung. Auf dem Fußboden mit dem Bild des Meergottes Neptun, inmitten von Fischen und Krebsen malten sich häßliche rote Fußstapfen ab ...
Auch Tigris sah mich zornig an, wagte aber nicht, etwas Unhöfliches zu sagen.
Ich schämte mich, denn mir war klar, daß die beiden Sklavenjungen nun die doppelte Arbeit haben würden.
„Gibt es irgendwo im Haus eine Tragbahre?“ fragte ich, um endlich zu meinem Anliegen zu kommen, da die Zeit drängte.
„Tragbahre? Wofür?“ fragte Euphrat erstaunt.
„Ihr – ihr müßt mir nämlich bitte helfen, Sextus von der Bibliothek nach Hause zu tragen –“
Blaß vor Neid, fragte Tigris: „Hat er dort noch so lange Bücher gelesen?“
„Ja“, sagte ich, nur um die Sache kurz zu machen.
„Und – warum läuft er nicht heim?“ platzte Euphrat heraus.
Tigris stieß ihn in die Seite und flüsterte. „Das darfst du nicht fragen. Wenn er getragen werden will, dann müssen wir ihn eben tragen.“
„Ich find’s ganz schön gemein“, sagte Euphrat, „ich find’s hundsgemein, daß wir ihn heimtragen müssen, bloß weil er so lange spannende Bücher gelesen hat.“

Tigris gab ihm einen zweiten Rippenstoß und sagte: „Komm schon, wir holen uns die Sänfte der Domina. Ich weiß, wo sie steht. Eine Tragbahre haben wir nicht –“
„Tante Fabias Sänfte? O ja“, murmelte ich. Mir war schwach vor Erleichterung darüber, daß Sextus nun bald Hilfe bekommen würde . . .

Es war noch immer undurchdringlich dunkel, als wir zu dritt in Richtung Bücherstraße – so hieß die kleine Straße neben der Bibliothek – aufbrachen. Ich machte den Anfang und beleuchtete den Weg mit der Fackel. Euphrat und Tigris trugen Tante Fabias Sänfte mit den Vorhängen aus hellgelber indischer Seide an den Seitenfenstern.
Der Anblick, der sich uns bot, war grauenvoll . . .
Im zitternden Schein der Fackel lag Sextus mit schmerzverzerrtem Gesicht zwischen den Trümmern der Amphore in einer roten Lache.
Als er uns sah, versuchte er, tapfer zu lächeln.
„Lukios, warum hast du uns das nicht gesagt?!“ rief Euphrat erschreckt.
„Wie ist das passiert?“ fragte Tigris, der, wie immer, etwas ruhiger als Euphrat blieb. „Soll ich zu Galenus gehen? Ich glaube, den könnten wir hier gut gebrauchen –“
Lachen und Weinen, Komisches und Erschrecken liegen in manchen Momenten dicht nebeneinander. Das fiel mir ein, als Sextus nun plötzlich trotz seiner unglücklichen Lage zu kichern anfing: „Tante Fabias Sänfte? Zum Totlachen find' ich das!“
„Wir müssen Sextus sofort zu Galenus bringen“, schlug Tigris ziemlich energisch vor.

Euphrat nickte. Sextus widersprach nicht.
„Ja“, sagte ich. „Etwas anderes wird uns nicht übrigbleiben.“

Etwa eine Stunde später: Galenus, der berühmteste Arzt der Welt, strahlte übers ganze Gesicht; er hatte einen Fall. Der Patient Sextus befand sich nicht in Lebensgefahr; er hatte lediglich ein Bein gebrochen, das stand jetzt fest – und der Bruch war kompliziert ...
Die ersten Strahlen der Sonne fielen durch die lila Vorhänge vor den Fenstern des Behandlungszimmers. Euphrat, Tigris und ich standen mit Trauermienen um die Untersuchungsliege mit den Löwenkopffüßen aus Bronze, auf der Sextus lag, herum und kamen uns ziemlich überflüssig vor.
„Wir kriegen das hin“, sagte Galenus, „keine Sorge, mein Junge.“ Bei der Mandelentzündung von Commodus damals hatte er auch „wir“ gesagt, obwohl er mit „wir“ nur sich selbst meinte.
„Es wird nicht gerade leicht sein, und eine Zeitlang dauern wird es natürlich auch. Aber wir haben nicht umsonst in Pergamon und Alexandria Medizin studiert.“ Dann dachte er noch einmal über das nach, was ich ihm erzählt hatte.
„Ihr seid also um Mitternacht durch die Bücherstraße gegangen, plötzlich ist Sextus ausgerutscht und über eine am Boden liegende Amphore mit roter Farbe gestolpert ... Unvorstellbar, die Leute lassen eine Amphore mitten auf der Straße liegen ...“
„Wird vom Umbau an der Bibliothek sein“, sagte Sextus mit etwas gezwungen wirkendem Lächeln.
Galenus war völlig zufriedengestellt von unseren

spärlichen Auskünften. An der ganzen Sache interessierte ihn nur der Beinbruch. Er war Arzt aus Leidenschaft für die Sache geworden und verstand sogar noch, andere für seine Kunst zu begeistern. Vor Jahren hatte er einmal öffentliche Vorlesungen über Anatomie gehalten, die so interessant waren, daß sie einen größeren Erfolg als die Theateraufführungen gehabt hatten. Im Friedenstempel hielt er immer noch Vorlesungen für seine Kollegen.
Es kam mir auch fast vor, als interessiere sich Sextus, kaum, daß er sich vom ersten Schrecken erholt hatte, für die medizinische Seite seiner Verletzung.
„Die Behandlung wird länger dauern", erklärte Galenus.
„Nächste Woche wollten wir alle doch nach Lanuvium fahren", wagte ich mich vor. Hasen würde Sextus jetzt zwar so bald nicht jagen können – aber mitkommen mußte er doch unbedingt!
„Sextus etwa auch?" fragte Galenus.
„Ja natürlich, er sollte auch mit uns reisen. Das ist es ja."
„Ich bedaure, das wird auf keinen Fall in Frage kommen", sagte Galenus. „Die Fahrt auf der holprigen Landstraße würde die Heilung des Beins verzögern."
Ganz sachlich und kühl hatte er das gesagt. Ob er wußte, was diese Sätze für Sextus und mich bedeuteten?
„Ich finde es sehr schade", sagte Euphrat und schluckte.
„Muß – ich jetzt nach Hause?" fragte Sextus.
„Zwei meiner Sklaven werden dich auf einer Tragbahre zu eurer Villa bringen", sagte Galenus. „Sicher

haben deine Eltern dich schon vermißt –“, und zu uns: „Es war sehr nett von dir, Lukios, daß du dich um deinen Kameraden gekümmert hast. Am besten geht ihr jetzt nach Hause.“

„*Vale*, Domine, und vielen Dank“, sagten wir fast gleichzeitig.

„Schöne Grüße an deine Mutter und deine Tante –“

Wir verließen die vornehme Villa des Galenus am Mons Caelius und machten uns auf den Heimweg. Der alte Türhüter zog die Augenbrauen hoch, als wir das Haus in der Jupiterstraße betraten, sagte aber kein Wort. Es gelang mir, mich unbemerkt in mein Zimmer zu schleichen. Müde war ich, hundemüde ... Als ich mich auf mein Bett fallen lassen wollte, bemerkte ich ein in purpurnes Leinen eingepacktes Päckchen. Ich riß die goldene Kordel auf, zerrte das Lindenholztäfelchen hervor und las:

Bin schon heute abend nach Lanuvium abgereist. Ein Sklave wird diese Zeilen bei dir vorbeibringen. Tu mir einen Gefallen: Triff du dich mit Jullus – ich kann nicht.

Dein Commodus

P. S.: Habe einen Termin mit Jullus morgen, am Tag vor den Kalenden des Mai, zur neunten Stunde am Neptun-Brunnen. Bitte, geh hin.

Ich las den Brief noch einmal und begriff immer noch nicht ganz. Ich verkroch mich tief unter das wollig warme Schaffell und vergaß den Brief. Ich vergaß Sextus und unser nächtliches Abenteuer und Galenus, Tante Fabia, Euphrat und Tigris ...

Ich träumte, ich säße im Amphitheater des göttlichen Titus auf einem der vordersten Plätze, gar nicht weit von Commodus. Ein großer grauer Elefant ging mit wiegenden Schritten durch die Arena. Auf seinem Kopf saß ein kleiner Affe mit einem roten Jäckchen. Der Affe hielt ein Stöckchen in der Hand und lenkte den Elefanten damit.
„Das ist Bobo, nicht wahr?“ sagte Commodus und mußte, ebenso wie ich, ein bißchen lachen.
Bobo ließ den Elefanten nun ganz nahe an die Brüstung vor uns heranschreiten. Es kam mir vor, als lächelte er listig. Plötzlich hob Bobo das Stöckchen in die Höhe – die Vorderbeine des Elefanten knickten zusammen. Er verbeugte sich vor Commodus, und sein langer Rüssel streifte den Sand der Arena. Donnernder Applaus belohnte Bobo und den Elefanten . . .

Als Jullus die hundert Löwen fing . . .

Ich erwachte erst nach einigen Stunden dadurch, daß jemand die Tür des Zimmers öffnete. Verschlafen blinzelte ich. Bobo saß in seinem Käfig, an die vergoldeten Gitterstäbe gepreßt, und warf mir einen aufmerksamen Blick zu. Auf Zehenspitzen trat Euphrat ein mit einem Glas Milch in der Hand.
„*Salve,* Lukios. Ich soll dir Grüße von der Domina ausrichten. Sie möchte gleich mit dir sprechen –“
Ich gähnte und mußte erst einmal überlegen, warum es schon so hell und warum ich noch so müde war –
„Wart ihr es wirklich?“ fragte Euphrat.

Jetzt war ich hellwach.
„Habt ihr den Satz wegen der Christen an die Bibliothek geschrieben? Tigris und ich finden das sehr gut. Die Domina, Ceionia Fabia, war sehr zornig, als sie heute morgen davon erfuhr. Aber mach dir keine Sorgen. Sie wird mit dir schimpfen und die Sache danach wieder vergessen. Anders wäre es gewesen, wenn ich oder Tigris es angeschrieben hätten. Wir wären sicher ausgepeitscht worden."
„Ist es schon sehr spät?"
„Nach der Wasseruhr müßten wir die achte Stunde nachmittags haben."
„Und – was für ein Tag ist heute?"
„Der Tag vor den Kalenden des Mai –"
Ich griff nach dem Lindenholztäfelchen neben mir und starrte den Text an: ... morgen, am Tag vor den Kalenden des Mai, zur neunten Stunde am Neptun-Brunnen. Bitte, geh hin!
In einer Stunde sollte ich am Neptun-Brunnen sein und mich mit dem Gladiatoren Jullus treffen! Ganz gleich, was Jullus von Commodus wollte – ich, Lukios, würde hingehen!
Allein nicht, dazu traute ich Jullus viel zu wenig, der sich solche Mühe gegeben hatte, Commodus allen Widerständen zum Trotz zu treffen.
„Ihr müßt mitgehn", sagte ich, „Tigris und du. Und jetzt beeil dich, Euphrat! Lauf schnell zu Tante Fabia und sag ihr, ich käme später. Commodus hat mir den Auftrag gegeben, einen Bekannten von ihm zu treffen –"
„Wenn wir beide bei dir sind, wird sie nichts dagegen haben", sagte Euphrat. „Außerdem ist es ja ein Auftrag von Commodus."

„Am Neptun-Brunnen wird der Bekannte auf uns warten“, erklärte ich. „Kommt bitte möglichst schnell nach. Ich warte unten auf der Straße auf euch!“
Wenn man Angst hat, kommt man manchmal auf verrückte Ideen. Und Angst – ein bißchen nur, aber eben Angst –, die hatte ich vor Jullus.
Also tat ich zwei Dinge, kaum, daß Euphrat verschwunden war: Zuerst wühlte ich mit zitternden Händen aus dem Versteck unter den Schaffellen, die mein Bett bedeckten, den Dolch mit dem geschnitzten Elfenbeingriff hervor und steckte ihn in meinen Gürtel. Dann öffnete ich Bobos Käfig. Bobo kletterte sofort auf meinen Arm. Ich wollte ihn mitnehmen, als könne er mich beschützen.

Wir waren da!
Gleichmäßig plätscherte der Wasserstrahl aus dem gewaltigen Mund des steinernen Neptunkopfes mit den Krebsen im Haar. Am Rand des Brunnens saßen in lässiger Haltung zwei Männer, die ich beide nicht kannte. Der eine war sehr dick – zu dick für einen Löwenkämpfer, fand ich. Sein dunkles gelocktes Haar war von einzelnen weißen Strähnen durchsetzt, ebenso wie sein gewaltiger Vollbart. Er trug einen roten Wollmantel und stützte sich mit der linken Hand auf dem Brunnenrand ab – es war eine mächtige Pranke mit kräftigen kurzen Fingern. So mochten die menschenfressenden Riesen aussehen, von denen Marcia mir früher erzählt hatte.
Der andere Mann war noch jung. Er hatte braunes, leicht gekräuseltes Haar, lebhafte graubraune Augen und sah auch nicht wie ein Löwenkämpfer aus . . .

„Der in der Mitte ist es", sagte der Mann im roten Wollmantel und lachte. Nun sah man seine ungewöhnlich großen gelben Zähne. „Und sogar den Affen hat er mitgebracht, den Affen, den seine Tante Fabia ihm geschenkt hat, ich werd' verrückt", stieß der Jüngere mit heiserer Stimme hervor.
Beim Herkules, sah ich mit dem Affen auf dem Arm so komisch aus, oder warum sonst grinsten die beiden so? Hatte der Mann im roten Mantel eine Waffe bei sich, weil er die rechte Hand unter dem Mantel verborgen hielt? Und – war es nicht überhaupt gegen die Abmachung, daß Jullus mit einem Begleiter erschienen war? „*Chaire**, Caesar. Ich bin Jullus", sagte der Dicke. Seine Stimme klang freundlich, und er sprach mit einem ausgeprägten griechischen Akzent. „Der andere Mann ist Marcus, ein guter Freund von mir –"
„Sind die beiden deine Sklaven? Es wäre besser gewesen, wenn du allein gekommen wärst", sagte Marcus.
Tigris zwinkerte mir zu. Ich sah ihm und Euphrat an, daß sie bereit waren, das Spiel fortzusetzen.
„Die beiden sind verschwiegen", erklärte ich.
Jullus betrachtete mich neugierig. „Bisher kannte ich dich nur von den Bildern auf den Münzen. Nett, daß du gekommen bist. Ich wollte dich schon immer einmal persönlich kennenlernen –"
„Bist du wirklich Jullus? Der berühmte Jullus, der den Löwen erst ein rotes Tuch über den Kopf geworfen hat, ehe er sie tötete?"
„Der bin ich, Caesar! Aber diese großen Zeiten liegen lange zurück. Als ich Rom verließ, warst du noch ein kleines Kind, das gerade anfing zu krabbeln –"

* Sei gegrüßt (griechisch)

„Und wohin bist du dann gegangen?"
„Ich war bei einem Kampf in der Arena lebensgefährlich verletzt worden. Wochenlang kämpften die Gladiatorenärzte um mein Leben. Als ich wieder gesund war, beschloß ich, in Zukunft junge Gladiatoren auszubilden. Der Partherkrieg brach damals gerade aus. Ich schloß mich dem Gefolge des göttlichen Lucius Verus an und blieb eine Zeitlang in Antiochia, in Syrien, an der Gladiatorenschule –"
„Ich freue mich unheimlich, daß du mir von der Löwenjagd erzählen willst –"
„Ach ja, das hätte ich beinahe vergessen." Jullus lachte geschmeichelt auf. „Eigentlich bin ich nur als Tierkämpfer für die Arena ausgebildet worden. Zugegeben, der Beruf ist interessant –"
„Und gefährlich", warf ich ein.
„Für einen Anfänger immer", sagte Jullus. „Wenn man erst einmal fünf Jahre in der Arena hinter sich gebracht hat, fällt es leichter. Kennst du die Geschichte vom Kaiser Nero?"
Ich schüttelte den Kopf.
„Nero hatte einen zahmen Löwen als Haustier. Der Löwe hörte auf seinen Namen und konnte allerhand Kunststücke.
Wenn man zu ihm sagte: Leo tot!, streckte er alle viere lang und stellte sich tot. Davon wußte aber kein Mensch außer Nero selbst und ein paar seiner engen Vertrauten. Eines Tages trat er mit dem Löwen öffentlich auf –"
„In der Arena?"
„In der Arena. Halb Rom sah ihm bei seinem Kampf mit dem Löwen zu. Nero trat dem Tier ohne Waffen entgegen und prahlte noch lange Zeit später, er hätte

es mit seinen bloßen Händen erwürgt – wie Herkules."
„Alles Betrug und Augenwischerei", ergänzte ihn Marcus. „Die Ausbildung eines Tierkämpfers ist so teuer, daß es kaum zu verantworten ist, wenn solch ein Mann dann von den Bestien zerfleischt wird –"
„Aber – wenn dic Christen mit den Löwen kämpfen, warum ist das so gefährlich?"
„Das ist gerade umgekehrt. Wenn ein richtiger ausgebildeter Tierkämpfer gegen einen Löwen kämpft, so tut er es mit den geeigneten Waffen, und meistens gelingt es ihm, zu siegen und den Löwen zu töten. Die Christen oder andere Verbrecher haben fast keine Waffen. Die wilden Tiere sollen die Christen töten. Verstehst du, es ist eine Bestrafung ..."
Ich hörte Jullus zu und verstand jedes Wort, ohne es zu begreifen. Ich dachte an Hyazinthus, den einzigen Christen, den ich kannte, und verstand nicht, was zum Beispiel er verbrochen haben sollte.
„Aber am allerschönsten ist die Löwenjagd in Afrika", mischte sich Marcus wieder in unser Gespräch. „Erinnerst du dich noch an letzten Sommer, Jullus?"
„Beim Jupiter, ja!" rief Jullus begeistert.
„Wir hatten damals von der Regierung einen Riesenauftrag bekommen: zu zweit mit ein paar guten Hunden, ausgezeichneten spanischen Reitpferden und sehr zuverlässigen Sklaven sollten wir eine Schiffsladung Löwen für Tierhetzen in Kleinasien und Rom fangen. Wir hatten ungewöhnlichen Erfolg –"
„Alles in allem fingen wir damals wohl so etwa hundert Tiere. Ich höre sie noch brüllen ...", sagte Jul-

lus träumerisch. „Alte Löwen mit zottigen Mähnen, die markerschütternd brüllten, Löwinnen und ganz junge Löwen. Die kleinsten ließen wir bei schönem Wetter auf dem Schiff herumtoben. Sie wälzten sich auf den Planken und spielten mit Wollknäueln –"

„Die Tiere waren ansonsten in Käfigen mit dicken Eisengittern eingesperrt. Wir fütterten sie mit Ziegenfleisch und hatten deshalb sehr viele Ziegen an Bord –"

„Und einmal ist uns ein Löwe ausgerissen. Die Ruderer erschraken zu Tode, als sie ihn frei an Bord herumlaufen sahen. Aber ich glaube, der Löwe war selbst am meisten erschrocken. Er stieß jämmerliche Laute aus –"

„Wie habt ihr ihn wieder eingefangen?" fragte Euphrat mit bebender Stimme.

„Wir haben alles versucht: mit Fangnetzen, mit Ziegenfleisch. Alles war vergeblich. Schließlich sprang der Löwe ins Meer und schwamm davon, in Richtung auf die Küste. Später hörten wir, daß er an Land viel Unheil angerichtet hat", sagte Marcus.

„Es war anstrengend, nicht wahr, Marcus? Aber es hat sich gelohnt. Ich würde wieder mit dir nach Afrika gehen."

„Diesen Sommer geht es wieder los", sagte Marcus. „Ich bin sicher, daß wir den Auftrag kriegen."

„Meinst du?" fragte Jullus. Es schien, als hätten die beiden uns völlig vergessen.

„Solche Dinge habe ich im Gefühl, ganz bestimmt bekommen wir ihn, morgen schon", sagte Marcus und wippte dabei mit den Füßen. „Noch etwas. So etwas sage ich nicht leichtfertig – und auch nicht zu jedem –"

Jullus nickte bestätigend.

„*Den* Jungen würde ich auf die Jagd mitnehmen, *der* ist richtig –“

„Mich? Meinst du mich?“ fragte ich fassungslos und spürte, wie ich rot wurde.

Marcus tauschte einen Blick mit Jullus. „Er hätte das Zeug dazu, was meinst du, Jullus?“

„Leider kann er aber nicht mitkommen“, sagte Jullus unwirsch, „seine Eltern würden es nie erlauben. Und außerdem wäre es viel zu gefährlich. Für die Löwenjagd braucht man schon erwachsene Männer –“

„Die wichtigsten Kniffe hätte er bald heraus“, sagte Marcus. Ich vergaß, daß ich ja nur in Vertretung hier war, vergaß, daß ich nicht aus meiner Rolle „Commodus“ fallen durfte – oder, wer kann es sagen, tat ich jetzt genau das, was Commodus auch getan hätte?

„Morgen, sagt ihr, wißt ihr genau, ob ihr den Auftrag bekommen werdet?“ stieß ich hervor.

„Morgen haben wir ihn“, lächelte Marcus.

„Dann – müßten wir morgen unbedingt noch einmal miteinander sprechen“, sagte ich. Dieser Marcus war sehr sympathisch. Ich mochte ihn. Er war bestimmt ein großartiger Jäger.

„Ich fürchte, das geht nicht“, sagte Jullus kühl. Ich sah ihn an und begriff, daß er den Gedanken wieder hatte fallenlassen. Wie herrlich das wäre – eine Lanze in der Hand auf einem spanischen Pferd einen Löwen zu verfolgen, hinter uns eine Meute Molosserhunde . . .

„Leider hat Jullus recht“, sagte Marcus mit trauriger Stimme. „Sicher siehst du das ein, Commodus. Wir können dich nämlich gar nicht mitnehmen; fünf

Monate lang werden wir mindestens unterwegs sein. Du hast hier in Rom doch allerhand Verpflichtungen. Zum Beispiel mußt du in die Schule gehen. In Afrika während der Jagd wäre daran überhaupt nicht zu denken. Du würdest in dieser Zeit nicht eine griechische Vokabel lernen, so viel gäbe es zu tun!"
„Und repräsentieren muß er ja auch", fügte Jullus hinzu.
„Und den Affen könntest du auf keinen Fall mitnehmen", sagte Marcus schnell, „du müßtest ihn in Rom lassen."
„Deine beiden Sklaven müßten ebenfalls hierbleiben. Am besten hättest du die schon diesmal zu Hause gelassen, wir hatten doch abgemacht, daß du allein kommst", grollte Jullus.
„Genug für heute", sagte Marcus, „wir haben noch viele wichtige Dinge zu erledigen –"
Ich sah ihn verzweifelt an, zu bitten wagte ich nicht mehr. Es entstand eine Pause. Überlegte es sich Marcus etwa noch einmal? Er sah Jullus an, als wolle er ihn fragen: Was meinst du dazu? Jullus schüttelte unmutig den Kopf. Ich bin dagegen, schien sein Blick zu sagen, wir kriegen höchstens Ärger mit dem Jungen.
„Na gut", sagte Marcus, „morgen mittag um die gleiche Zeit kommen wir noch mal ganz kurz hier vorbei und verabschieden uns von dir. Mach dir keine Hoffnungen, daß aus der Sache etwas wird. Jullus sieht die Sache völlig richtig: Wir können dich nicht mitnehmen. Tut mir leid, daß ich überhaupt davon angefangen habe. Also, Lucius Commodus, *vale*. Komm auf jeden Fall allein, hast du gehört? Sonst gehen wir gleich wieder –"

„Und laß den Affen daheim!“ sagte Jullus, beinahe drohend. Er sprang vom Brunnenrand herunter, zupfte seinen roten Wollmantel in die richtigen Falten zurecht und kam mit watschelndem Gang auf mich zu. Er beugte sich zu mir herab und flüsterte mir ins Ohr: „Commodus, sag keinem Menschen etwas über unser Gespräch und drohe deinen beiden Sklaven an, du würdest sie auspeitschen lassen, wenn sie plaudern sollten. Niemand darf erfahren, daß Jullus sich in Rom befindet. Der Auftrag für die Löwenjagd läuft auf Marcus' Namen, hast du verstanden?“
„Warum darf niemand –“
„Erschrick nicht, Caesar, wenn ich dir ein furchtbares Geheimnis anvertraue: Ich habe vor ein paar Wochen meinen Kollegen, den Gladiatoren Aiax, im Vollrausch erschlagen. Er hatte mich beleidigt –“
Fassungslos sah ich ihn an.
Mit heiserer Stimme raunte Jullus: „Fettes Schwein hat er mich genannt! Jetzt sei ich wirklich zu alt und zu unförmig, um noch in der Arena zu kämpfen. Da griff ich nach dem Weinkrug vor mir auf dem Tisch der Taverne und dann –“
„Du hast einen Menschen getötet?“
„Ja, Caesar.“ In Jullus' Augen standen Tränen. „Er war ein guter Freund gewesen und ein hilfsbereiter Kollege. Es wäre nie zu der schrecklichen Tat gekommen, wenn wir nicht beide so betrunken gewesen wären. Jetzt weißt du alles. Deshalb habe ich dich in dem Brief darum gebeten, keinem Menschen von mir zu erzählen.“
„Genug, Jullus, vergiß die alten Geschichten“, sagte Marcus. Er nahm Jullus wie ein Kind an der Hand

und ging mit ihm davon. Einmal drehte er sich nach uns um und lächelte.

Zur gleichen Stunde am Neptun-Brunnen!

„Warum du es getan hast – *das* interessiert mich am meisten, Lukios!"
Ich sah Onkel Ummidius an, als er das sagte. Kein Fleckchen war auf seiner weißen Toga zu sehen, die er trug, weil er heute abend noch zu einer wichtigen Versammlung wollte. Seine Perücke saß wie angegossen, und die unbequemen altmodischen Senatorenschuhe, mit denen andere so leicht lächerlich aussahen, kleideten ihn vorzüglich.
„Jedenfalls hast du uns alle ziemlich blamiert", sagte meine Mutter. (Es hörte sich an, als hätte ich auch sie blamiert, das traf mich am meisten.)
„Ganz Rom spricht schon davon. Meine Sänfte ist erkannt worden. Euphrat und Tigris haben Sextus in meiner Sänfte zu Galenus getragen! Vor nichts habt ihr Ehrfurcht, wirklich vor nichts", murmelte Tante Fabia.
Alle drei saßen sie um das große Kohlebecken gruppiert im Roten Salon. Nur ich stand, wie es sich für einen Übeltäter geziemte. Ich stand schon ungefähr seit einer Stunde auf der gleichen Stelle und hatte lang und breit erklärt, warum Sextus und ich letzte Nacht „Seid gut zu den Christen" an die Seitenwand der Bibliothek geschrieben hatten. Und da fragte Onkel Ummidius noch, *warum* wir es getan hätten – als hätte er überhaupt nicht zugehört!

Nein, ich hatte nichts von dem Gespräch, das Commodus seinerzeit belauscht hatte, verraten. Kein Wort hatte ich vom „Klub der Raben“ gesagt. Aber die Sache mit dem christlichen Juwelier – Sextus hatte sie ja selbst beobachtet! –, dem die Fensterscheiben eingeworfen worden waren, die hatte ich erzählt. Ich war ganz sicher gewesen, daß sie alle dann verstehen würden, warum wir den Satz angeschrieben hatten . . .
„Ein alberner Satz“, sagte Onkel Ummidius.
„Dumme Kinder seid ihr! Gar nichts hättet ihr tun sollen“, schimpfte Tante Fabia.
„Wir mußten einfach irgend etwas tun“, sagte ich zaghaft. Ich dachte dabei an Hyazinthus, wagte aber nicht, seine überstürzte Abreise ins Gespräch zu bringen.
„Schämst du dich wenigstens jetzt? Tut es dir leid?“ fragte meine Mutter, um mir eine Brücke zu bauen.
„Ich sehe ein, daß ich euch blamiert habe“ – die Blamage oder das jedenfalls, was sie für eine Blamage hielten, interessierte sie ja hauptsächlich –, „aber ich kann mich jetzt nicht schämen, es geht nicht.“
„Du wirst dich spätestens morgen schämen“, sagte Onkel Ummidius.
„Sextus hätte tot sein können. Vielleicht wird er nun sein Leben lang hinken müssen. Es war sehr unüberlegt von euch, mitten in der Nacht die Bibliothek hochzuklettern“, sagte meine Mutter. „Von Euphrat und Tigris war es verantwortungslos, mit dir zu gehen, ohne vorher den Oberaufseher zu verständigen –“
„Niemals hätten sie meine Sänfte nehmen dürfen“, rief Tante Fabia.

„Zehn Stockschläge für jeden von ihnen würde ich für angemessen halten“, sagte Onkel Ummidius, „öffentlich, vor allen anderen Sklaven. Ich sage dem Oberaufseher gleich Bescheid, daß er das morgen erledigen läßt.“

„Nein!“ schrie ich, „sie haben doch nur getan, was ich ihnen befohlen habe!“ Ich war den Tränen ziemlich nahe, obwohl ich genau wußte, daß ich mit Weinen alles verderben würde.

„Ein Römer weint nicht“, sagte meine Mutter auch schon.

Tante Fabia zog die Augenbrauen hoch.

„Bitte, bitte, laßt Euphrat und Tigris nicht gehauen werden“, bat ich. Aber es war hoffnungslos, das wußte ich schon vorher. Wahrscheinlich hatte Onkel Ummidius dem Oberaufseher aller Sklaven im Haus sogar schon vor unserer Unterredung den Befehl gegeben.

„Und nun zu dir, Lukios“, Onkel Ummidius tat, als hätte er meinen letzten Satz überhört. „Du wirst morgen mittag zum Tierhändler Priscus gehen.“

Er machte eine Pause. Auch meine Mutter und Tante Fabia schwiegen. Zum Tierhändler Priscus gehen? Warum?

„Vorher aber wirst du den Affen Bobo in den Korb packen, in dem du ihn geholt hast. Du sollst ihn wieder zurückbringen.“

„Warum denn wieder zurück?“ flüsterte ich mit tränenerstickter Stimme.

„Ich fürchte, du hast mich immer noch nicht verstanden“, sagte Onkel Ummidius. Er sagte es so gleichgültig, als sei er in Gedanken längst schon auf seiner Versammlung. „Priscus ist gerade dabei, eine

Schiffsladung ausländischer Tiere für den Privatzoo irgendeines reichen Fürsten in Germanien zusammenzustellen. Kapiert?"
„Du meinst: Ich muß Bobo für immer abgeben?" fragte ich.
„Selbstverständlich für immer! Wie denn sonst? Priscus schickt dic Tiere schließlich nicht zu Besuch nach Germanien", sagte Tante Fabia ironisch.
„Ein Römer weint nicht", wiederholte meine Mutter in schärferem Tonfall.
„Wenn du einmal erwachsen bist, wirst du darüber lachen, daß dir so viel an einem kleinen Affen gelegen hat", sagte Onkel Ummidius, um mich zu trösten.
Das also war die Strafe, die sie für mich ausgedacht hatten. War sie wirklich weniger schmerzlich, als zehn Stockschläge gewesen wären?
Ich stolperte davon, weg von hier. Sie sollten meine Tränen nicht sehen.

Mein Abendessen rührte ich nicht an.
Ich stöberte Euphrat und Tigris im Pferdestall auf. Sie waren gerade damit beschäftigt, meinem Maultier frisches Stroh aufzuschütten. Genaugenommen war es natürlich nicht mein Maultier, obwohl ich es immer benutzte, wenn wir mit Commodus Wagenrennen spielten. Es gehörte zu der Schar von Maultieren und Pferden, die unsere Wagen zogen, wenn wir nach Lanuvium fuhren oder einen Ausflug aufs Land unternahmen.
Die Zwillinge waren schon informiert über die Strafe, die Onkel Ummidius ihnen zugedacht hatte. Tigris war etwas gefaßter als Euphrat, obwohl auch

er unter seiner Bürstenfrisur traurig dreinblickte. Euphrat sagte frei heraus, er fände die zehn Stockschläge ungerecht.
„Aber daß auch noch alle dabei zusehen, das ist das schlimmste", schluchzte er.
Tigris nickte traurig. „Es ist ganz genau so, wie wenn die Verbrecher in der Arena zur Bestrafung von den wilden Tieren zerrissen werden, und wenn alle dabei zuschauen. Damit kann man es vergleichen."
Ich setzte mich auf die Futterkrippe, kraulte den Kopf des Maultiers und erzählte, worin meine Bestrafung bestand.
Euphrat und Tigris sahen mich erschrocken an, als ich meinen Bericht beendet hatte.
„Und du wirst Bobo morgen wirklich zu Priscus bringen?" fragte Tigris.
„Ich muß ja."
„Es bleibt dir nichts anderes übrig –"
„Könnte man Bobo nicht irgendwo verstecken?"
Ratlos zuckte ich die Achseln.
„Irgendwo, wo ihn niemand findet?"
„Immerhin haben wir noch bis morgen Zeit und können uns irgend etwas ausdenken", murmelte Euphrat.
Bobo verstecken? Das war unmöglich . . .
Und dann rief Euphrat plötzlich: „Ich hätte eine Idee!"
„Ich auch!" rief ich.
„Mir ist eben etwas Großartiges eingefallen", jubelte Tigris.
„Aber ich fürchte, es hilft nur Lukios."
„Meine Idee hilft auch nur ihm", sagte Euphrat.
„Mir ist Jullus eingefallen", sagte ich leise.

„Das ist es", flüsterten Euphrat und Tigris beinahe gleichzeitig. Wir sahen uns an. Jeder hatte die gleiche Idee im gleichen Moment gehabt. Es war erst der Anfang eines Gedankens, der noch nicht ganz fertig gedacht war.
Das Maultier kaute friedlich an einem Strohhalm.
„Er muß dich mitnehmen", sagte Euphrat heiser, „jetzt muß er es einfach tun."
„Ja", sagte ich. „Und euch und Bobo außerdem –"
„Marcus könnte man vielleicht dazu bringen. Aber Jullus wird dagegen sein", sagte Tigris.
„Das werden wir sehen!" Ich war fest entschlossen, mich nicht abweisen zu lassen, und Euphrat und Tigris würde ich nicht im Stich lassen! Woher ich meine Zuversicht in diesem Moment nahm, weiß ich nicht. Aber vielleicht wird man immer dann mutig, wenn man genau weiß, man hat nur noch eine einzige Chance.
„Also dann", sagte ich, „morgen zur neunten Stunde am Neptun-Brunnen!"

Alles kommt ganz anders

„Bist du fertig, Lukios?"
Ich drehte mich zu Tante Fabia um. Jetzt tut es ihr leid, man sieht es ihr deutlich an, dachte ich. Aber ebensogut war mir auch klar, daß weder sie noch Onkel Ummidius, noch meine Mutter ihren Entschluß, Bobo wieder an den Tierhändler Priscus zu verkaufen, rückgängig machen würden.
Der Korb, in den ich Bobo hineingesetzt hatte, war

mit Stroh gefüllt. Ich klappte den geflochtenen Dekkel zu und band ein Tuch darüber fest. An den Seiten kam noch genug Luft herein. Und ein paar Nüsse hatte ich unter dem Stroh versteckt. Davon freilich wußte Tante Fabia nichts...

Noch vor Morgengrauen hatte ich für mich selbst ein kleines Bündel gepackt mit den wichtigsten meiner Habseligkeiten: dem Dolch mit dem Elfenbeingriff, dem Lederbecher und den zu ihm gehörigen Würfeln, für den Fall, daß die Abende am Lagerfeuer in Afrika allzu eintönig würden...

Und das indische Hanfseil packte ich ein, das mir so oft gute Dienste geleistet hatte, wenn ich spät noch aus dem Fenster klettern mußte, um an einer der streng geheimen Sitzungen des „Klubs der Raben" teilzunehmen. Ein Stück rote Kreide war auch dabei. Vielleicht würde es einmal nötig sein, ein Zeichen auf einen Stein oder an einen Baum zu malen.

Eins wollte ich noch wissen, ehe ich Rom verlassen würde. „Wie geht es Sextus? Hast du neue Nachrichten bekommen?"

Tante Fabias Auskunft klang beruhigend: „Er fühlt sich schon wieder besser. Galenus meint sogar, man könnte ihn in etwa zwei Wochen doch noch mit dem Wagen nach Lanuvium bringen lassen."

Ich gab mir einen Ruck und sagte: „*Vale*, Tante Fabia."

Als ich draußen stand, auf der Jupiterstraße, vor unserem Hauseingang mit dem Ziegelbild der Diana, rannte ich los.

Die Korksohlen meiner Sandalen klapperten unter mir auf dem Pflaster der Straße – ich fühlte mich

frei! Frei, hinzugehen, wohin ich wollte. Und Bobo würde für immer mir gehören!
Jetzt gleich würde ich die entscheidende Verhandlung mit Marcus und Jullus zu führen haben.
Und ich wußte auch, was ich zu Jullus sagen würde!
Wenn du Euphrat und Tigris nicht mitnehmen willst, nun gut, Jullus, dann werde ich dich an die *vigiles* (= Polizei) verraten. Dieser Mann ist Jullus, der den Gladiatoren Aiax erschlagen hat. Bringt ihn in den Kerker . . .
In den Büschen hinter dem Neptun-Brunnen hatten sich schon gegen Mittag Euphrat und Tigris versteckt, jeder mit einem Päckchen mit den notwendigsten Kleidungsstücken und wenigen Lebensmitteln. Dort konnten sie jedes Wort hören und den günstigsten Moment abpassen. Hatte ich erst einmal Marcus und Jullus endgültig dazu überredet, uns auf die Löwenjagd mitzunehmen, dann würden sie aus ihrem Versteck hervortreten und versprechen, die niedrigsten Arbeiten zu verrichten und sich bei dem großen Unternehmen nützlich zu machen, wo immer sie konnten.
So schnell mich meine Füße trugen, lief ich die Jupiterstraße hinunter, die Minervastraße entlang, in Richtung Aventin, am Rindermarkt vorbei. Denn es war schon spät. Die Sonnenuhr am Rindermarkt zeigte eben die neunte Stunde an.
So, da war der kleine Park, am Ende dieses Kieswegs lag der Neptun-Brunnen.
Und da sah ich auch schon Jullus' roten Wollmantel leuchten. Fortuna sei gedankt – sie saßen beide wie gestern auf dem Rand des Brunnens. Der junge Marcus sah heute ernster aus als gestern. Doch Jullus'

zufriedenem Gesicht war schon von weitem anzusehen: Sie hatten den Auftrag bekommen!
Marcus lächelte mich an. Mir wurde leicht ums Herz. Es war ein freundliches, beinahe gütiges Lächeln. Auch Jullus wirkte gutgelaunt, fast fröhlich. Dieser Umstand würde alles sehr erleichtern.
„*Salve*, Commodus", sagten die beiden wie aus einem Munde.
„*Ave*", sagte ich, „habt ihr den Auftrag bekommen?"
Die beiden nickten.
Noch ehe ich mit meinem Anliegen anfangen konnte, sagte Jullus mit gedämpfter Stimme: „Wir möchten etwas sehr Wichtiges mit dir besprechen. Niemand darf uns dabei belauschen. Am besten gehen wir hinter diese Baumgruppe."
Es war nicht recht einzusehen, warum wir hinter die Bäume gehen sollten, im Park war es ohnedies schon einsam. Man traf hier tagsüber sehr selten auf Leute.
Wir entfernten uns ein paar Schritte vom Neptun-Brunnen und traten hinter eine Gruppe mächtiger Platanen.
„Sag mal, Commodus, was hast du in dem Korb?" fragte Marcus. Dann ging plötzlich alles sehr schnell.
Plötzlich flog Jullus' roter Mantel lose über meinen Kopf, gerade sah ich noch, wie Jullus, behender, als man ihm zugetraut hatte, mit einem gewaltigen Satz auf mich zuschnellte. Ich wurde zu Boden geschleudert . . .
Menschenfressender Riese, durchzuckte es mich, so blendete Jullus die Löwen, bevor er sie tötete, den Gladiatoren Aiax hat er erschlagen.

Jetzt bin ich dran ...

Zu spät, um zu schreien!

Mit Gewalt schob Jullus mir etwas in den Mund. Marcus kniete neben mir und fesselte meine Füße und meine Arme. Der rote Mantel wurde enger um mich gewickelt. Ich kämpfte mit einem Anfall von Übelkeit und glaubte einen Moment lang, ich müßte ersticken.

Wie ein Paket hob man mich in die Höhe und trug mich fort.

„Gar nicht so leicht“, schimpfte Jullus, über dessen Schulter ich lag. Ich zitterte und bebte am ganzen Körper, vor Wut, vor Angst, vor Haß auf Jullus, der mein Vertrauen zu ihm so schändlich ausgenutzt hatte.

Menschenfressender Riese, Mörder! Er würde mich also töten, Dummkopf, der ich gewesen war, ihm auch nur eine Sekunde lang zu vertrauen.

„Hör auf zu zappeln, Commodus“, knurrte Marcus – er, der immer so freundlich getan hatte! – „oder wir werfen dich in den Tiber!“

Diese Drohung wirkte. Zu Tode erschrocken verhielt ich mich nun still. Jullus’ Atem ging stoßweise. Schließlich hielt er an und warf mich, ohne besondere Rücksicht, in einen Behälter, der sich wenig später in Bewegung setzte. Ich lag auf einem Wagen! Was würde nun mit mir geschehen? Der Traum von der Löwenjagd in Afrika war ausgeträumt.

Der Wagen unter mir rollte über die Straße. Ob man zu Hause in der Jupiterstraße inzwischen mein Verschwinden bemerkt hatte? Das war unwahrscheinlich, denn alle mußten ja annehmen, ich sei beim Tierhändler Priscus. Erst gegen Abend würde man anfangen, sich Gedanken zu machen. Auch dann aber würde noch niemand in ernstlicher Sorge um mich sein – zu oft war ich noch spät abends in Angelegenheiten des „Klubs der Raben“ unterwegs gewesen. Erst morgen würde man beginnen, mich zu suchen ...

Aber Euphrat und Tigris mußten mich doch aus ihrem Versteck unter den Büschen beobachtet haben. Ob sie auch die Szene unter den Platanen gesehen hatten, das war natürlich fraglich ...

Der Korb mit Bobo! Ob er noch am Neptun-Brunnen lag? Oder hatte Marcus ihn vielleicht mitgenommen? Auch um mein Reisegepäck sorgte ich mich jetzt.

Ich versuchte zu sprechen. Doch der Knebel in meinem Mund hinderte mich daran. Es war sinnlos und auch nicht möglich, mit den Beinen zu strampeln, vor Wut zu weinen oder zu schreien. Nichts, überhaupt nichts konnte ich tun.

Nein, nicht ganz: Ich konnte nachdenken. Immerhin war das etwas mehr als nichts. Und dann plötzlich begriff ich, was heute geschehen war: Lucius Aurelius Commodus, mein Onkel, war in Lanuvium. Ihm hatte nichts geschehen können. Jullus und sein Gehilfe Marcus hatten mich, Lucius Ceionius Commodus, also Lukios, den falschen Commodus, aus welchem Grund auch immer, eingefangen. Allerdings waren sie der Meinung, ich sei der richtige ...

War es zum Weinen? Oder war es zum Lachen?

Einmal hielt der Wagen. Wir mußten an einem der Stadttore Roms angekommen sein, denn ich hörte eine Männerstimme in amtlichem Ton fragen: „He, ihr da, was habt ihr geladen?“

Ich horchte auf.
„Ein paar alte Teppiche“, hörte ich Jullus mürrisch erwidern.
„Und was habt ihr in dem großen Korb versteckt?“
Großer Korb? Unter den Teppichen sollten die Wachsoldaten nachsehen! Alles Weitere würden sie dann von mir erfahren!
Marcus lachte donnernd: „Da mußt du schon selber nachsehen! Mach ihn nur auf –“
Der Wächter schien das Angebot einen Moment lang zu überlegen, dann siegte seine Neugier oder sein Pflichtbewußtsein.
„Hebt ihn zu mir runter“, verlangte er.
Eine Weile war es jetzt ganz still. Dann hörte ich dröhnendes Gelächter. „Ein Affe!“ rief eine Frauenstimme. Jullus stieß einen häßlichen Fluch aus.
„Ihr könnt weiterfahren“, rief der Wächter, immer noch lachend. Das Maultier zog an, und der Karren rollte weiter.
Sie hatten Bobo also doch mitgenommen, den Göttern sei Dank . . .
„Eine unangenehme Überraschung!“ stöhnte Jullus. „Was machen wir jetzt mit dem Tier? Wir können es unmöglich nach Ägypten mitnehmen. Freilassen kann man es aber auch nicht hier. In Kürze wird eine fieberhafte Suche nach dem jungen Commodus einsetzen. Als der Soldat uns eben anhielt, dachte ich schon, die Ausgänge der Stadt seien bereits überwacht. Bald werden auch die Verfolger hinter uns her sein, und wenn jemand den Affen sieht, weiß er genau, welchen Weg wir genommen haben –“
„Schlimm genug, daß der Soldat am Stadttor das Tier gesehen hat“, sagte Marcus.

„Der hatte noch keinen Verdacht."
„Er wird sich wieder an uns erinnern, sobald er hört, daß Commodus verschwunden ist."
„Meinetwegen. Aber sag mir endlich, was wir mit dem Affen anfangen sollen! Mein Vorschlag wäre: Wir drehen ihm den Hals um."
„Barbar", sagte Marcus, „du wirst es nie zum römischen Bürger bringen. Weißt du, was ein solches Tier wert ist?"
„Mir egal. Das ist kein Grund, es mit nach Ägypten zu nehmen."
Ich begann zu zittern. Hätte ich jetzt doch nur etwas sagen können!
„Der Affe bleibt leben, Jullus", sagte Marcus wütend, „er wird uns helfen, den Jungen bei guter Laune zu halten, wenn er Heimweh bekommt. Die Seefahrt nach Ägypten dauert lang. Und wir müssen ihn gesund nach Ägypten bringen. Cassius läßt uns köpfen, wenn ihm auch nur ein Haar gekrümmt wird. Keiner von uns beiden wird dann ein Militärdiplom bekommen. Verstanden, Jullus?"
„Wenn du es so siehst", sagte Jullus kleinlaut.
Cassius, Ägypten – ich stand vor einem Rätsel.
Sollte mit Cassius etwa Avidius Cassius gemeint sein, der Statthalter von Syrien? Das war unvorstellbar.
Nach Ägypten jedenfalls sollten Jullus und Marcus mich auf einem Schiff bringen, mich, oder eigentlich ja Lucius Aurelius Commodus . . .
Es war also eine richtige Entführung. Nur, daß die Entführer den Falschen entführt hatten . . .

Die „Crocodilus" sticht in See

Am späten Abend dieses Tages nach den Kalenden des Mai saß ich mit gefesselten Füßen und auf dem Rücken zusammengebundenen Händen auf einer hölzernen Bank in der engen, verräucherten Küche eines Fischerhauses. Es roch überall nach Fisch und nach Garum, der Fischsoße, mit der man im *Imperium Romanum* beinahe jedes Essen würzt. Jullus saß neben mir, einen tönernen Teller mit Hirsebrei auf den Knien, und löffelte mir wie einem kleinen Kind geduldig den Brei in den Mund.

Bobo kauerte auf dem roten Ziegelboden zu meinen Füßen, das Gesicht hielt er in den kleinen braunen Händen verborgen, als wollte er weinen.

Marcus hockte neben uns auf der Bank und beugte sich nachdenklich über eine Rolle Papyrus mit einer Darstellung Italiens und des ganzen Mittelmeeres bis nach Afrika und Ägypten.

„Die ‚Crocodilus' ist so gut wie leer. Bei gutem Wind schaffen wir die Reise nach Alexandria in drei bis vier Wochen", murmelte er.

Papyrusstauden, so groß wie ein Mann, den Nil sehen, die Pyramiden und die Tempel von Isis und Sarapis und lebendige Krokodile, vielleicht sogar ein Hippopotamus!

Draußen kläffte ein Hund. Jullus ließ den Löffel sinken und sah Marcus fragend an. Marcus schüttelte den Kopf.

„Was soll schon sein? Niemand kann uns hier finden –"

„Ich fühle mich nicht so sicher. Noch haben wir Italien nicht verlassen!"

„Dreh jetzt nicht noch durch“, sagte Marcus verärgert.
Ein weiterer Hund bellte.
Jullus fing an zu zittern.
Und jetzt bellte ein ganzer Hundechor. Wir mußten uns in der Nähe eines größeren Dorfes oder sogar mitten darin befinden.
„Sie kommen!“ stöhnte Jullus.
„Denk an die Löwen, die du getötet hast! Hundertmal hast du dem Tod ins Auge gesehen. Ich werde nachsehen –“ Mit einem energischen Ruck erhob sich Marcus und ging zur Tür. „Stell den Jungen in den Schrank“, zischte er noch, ehe er hinausging.
Jullus ließ die Arme sinken und sah mich an. „Das ist ja völlig sinnlos, wenn sie Hunde bei sich haben. Ich hab’ keine Angst vor Löwen, die kenne ich und weiß, wie man sie behandeln muß. Aber diese Bluthunde fürchte ich –“
„Molosserhunde bellen ganz anders“, sagte ich. Jullus und Marcus glaubten doch nicht im Ernst, die Prätorianersoldaten mit ihren scharfen Hunden hätten uns bis hierher nachgespürt!
„Verdammte Bestien“, keuchte Jullus. Der Schweiß stand ihm auf seiner speckigen Stirn.
Das Hundegekläff vor der Hütte verstärkte sich. Es waren die Dorfköter.
„Laß mich los!“ schrie eine Jungenstimme draußen. „Au, laß mich los!“
„Scher dich endlich nach Hause!“ schimpfte Marcus vor der Tür. „Du weckst sonst das ganze Dorf auf. Warum treibst du dich überhaupt noch so spät hier herum? Los, scher dich heim! Worauf wartest du?“
Es wurde wieder still, und Marcus kam herein.

„Es war nichts“, sagte er, „nur ein Junge, der um das Haus schlich. Wahrscheinlich wollte er Fische stehlen –“
„Wir müssen sehen, daß wir wegkommen, ehe es hell wird, Marcus. Binde dem Caesar die Fesseln an den Füßen etwas lockerer, gerade soviel, daß er kleine Schritte machen kann.“ Das tat Marcus.
Jullus packte Bobo behutsam in den Korb.
Wir verließen die Hütte und gingen über den Strand. Außer uns sah und hörte man keinen Menschen weit und breit. Etwa eine Meile strandaufwärts sah man die Lichter des Hafens von Ostia. Über einen schmalen Landungssteg gingen wir zu einem kleinen Boot, wie es die Fischer benutzen. Marcus stieg zuerst hinein, ich folgte ihm, und Jullus, schwerbeladen mit dem Korb, in dem Bobo saß, und einem großen Bündel Gepäck, machte den Schluß. Marcus und Jullus setzten sich an die Ruder. Wir legten vom Ufer ab. Der rote Wollmantel, den Jullus mir freundlicherweise geliehen hatte, war angenehm warm und schützte mich gegen die kühle Nachtluft. Das Meer schimmerte schwarzsilbern.
Im Dunkeln tauchte plötzlich eine noch dunklere Wand vor uns auf. Ich erkannte einen riesigen Entenkopf, der sich scharf gegen den helleren Himmel abzeichnete, das Heck eines großen Handelsschiffes. Das Schiff erschien so hoch, weil es offenbar keine Ladung hatte. Vermutlich hatte es hier im Hafen von Ostia nur überwintert, um nach der Eröffnung der Schiffahrt mit dem ersten günstigen Wind auf dem schnellsten Weg nach Ägypten zu segeln. Dort würde es dann voll Korn geladen werden für die Getreideversorgung in Rom.

„Alexandria!“ rief Jullus halblaut.
„Cassius“, rief eine Männerstimme zu uns herunter. Taue wurden von der Bordwand des großen Schiffes zu uns herabgeworfen. Jullus band mir die Fesseln ganz los und hob mich hoch. Einen Moment dachte ich an Flucht – wenn ich jetzt ins Wasser spränge? Ich war ein guter Schwimmer, es wäre ein leichtes, ans Ufer zu schwimmen ...
„Halt ihn fest!“ schrie Marcus.
Jullus' gewaltige Pranken packten mich so fest, als wollte er mir die Handgelenke zerbrechen. Marcus band wortlos die Fesseln um meine Füße und um meine Hände. Jullus warf mich über seine breite Schulter. Mit der linken Hand hielt er mich, mit der rechten das dicke Tau fest und ließ sich mit mir hochziehen.
Zwei stämmige Matrosen standen an der Bordwand und erwarteten uns bereits.
„Das ist Commodus“, sagte Jullus leise. „Bringt ihn nach unten. Ist Marius schon da?“
„Er steht am Steuerrad“, antwortete einer der beiden Matrosen und lockerte mir die Fußfesseln, gerade so weit, daß ich kleine Schritte machen konnte.
Ein Hund kam schwanzwedelnd herbeigelaufen. Doch im nächsten Moment zerrte mich der Matrose mit sich, eine enge Stiege hinab. Das Schiff schlingerte, es kam mir vor, als bewegte es sich bereits. Mein Begleiter sagte kein Wort zu mir, er sah verdrossen aus. Ich wagte nicht, ihn nach Bobo zu fragen.
Er schob mich in das Innere eines kleinen Raumes, in dem nur ein Öllämpchen brannte, band meine Fesseln los und drehte, als er mich verließ, den

Schlüssel im Schloß um. Ich war allein. Auf dem Boden lag ein Schaffell, auf dem ich schlafen sollte. Jetzt bemerkte ich auch ein kleines Fenster an der Seite, das mit Eisenstäben vergittert war. Von draußen hörte ich ein rhythmisches Knarren. Neugierig trat ich ans Fenster. Von hier konnte ich die Pinne sehen, die das Steuerruder bewegte.
Der Steuermann mußte genau über dem Raum, in dem ich eingesperrt war, stehen und das große Schiff auf den richtigen Kurs bringen. Das Steuerruder ist wie die Schwanzflosse eines Fisches, sagte Onkel Ummidius immer, der von Seefahrt einiges verstand. Mit ihm manövriert man das Schiff. Ein einziger Mann kann so ein schwerbeladenes Schiff lenken, gleichgültig, wie schnell es fährt ... Ich hörte das Knattern des großen Segels im Wind.
... und auf den Mast binden die Seeleute eine Mütze, das bringt Glück, hatte Onkel Ummidius erzählt.
Auf einem so großen Schiff war ich noch nie gefahren.
„Crocodilus" ... kein schlechter Name. Ich legte mich auf das Schaffell und deckte Jullus' warmen Mantel über mich.
Cassius ... Wenn es wirklich Avidius Cassius sein sollte, dann konnte es nur der Mann sein, der so oft bei uns zum Abendessen eingeladen worden war und der so gerne Thunfisch aß. Langsam erinnerte ich mich wieder an ihn. Jetzt war er Statthalter in Syrien. Syrien sei außer Kleinasien die schönste Provinz der Welt, sagte Onkel Ummidius immer ...

Blinde Passagiere

Die „Crocodilus“ war gut gebaut. Sie lief schnell, überholte die anderen steilbordigen Schiffe, gehorchte leicht dem Steuerruder und drehte sich mit Leichtigkeit dahin, wohin der Steuermann sie haben wollte.

Wir waren zunächst an der Westküste gen Süden entlanggesegelt. Jullus und Marcus hatte ich zuletzt am Abend jenes Tages nach den Kalenden des Mai gesehen, an dem ich auf das Schiff geschleppt worden war, und danach viele Tage lang nicht mehr. Doch ich wußte sehr genau, daß sie noch an Bord waren. Manchmal, wenn ich abends nicht einschlafen konnte, weil der Hebel des Steuerruders quietschte und der Wind das große Segel knattern ließ, hörte ich sie auf den Holzplanken über mir auf und ab gehen und mit gedämpfter Stimme leise miteinander reden. Sie sprachen jetzt immer nur griechisch miteinander.

„Mir hat Cassius eine kleine Villa in den Bergen versprochen, irgendwo hinter Tibur, wo die Luft so gut sein soll, damit mein Husten heilen würde.“

„Die Götter haben sich gegen uns verschworen, der Wind ist nicht stark genug, Marcus. Ich fürchte, wir kommen zu langsam vorwärts.“

Wie lange wir nun schon unterwegs waren? Fünf Tage oder sechs oder weniger? Ein Tag war wie der andere, und nach den ersten drei hatte ich aufgehört, sie zu zählen. Jeden Tag brachte mir einer der Matrosen das gleiche Essen: rote Bete, ein Stück Brot und einen Becher Milch; abends gab es Fisch oder ein Stück gebratenes Fleisch und ein paar

getrocknete Feigen. Der Matrose bediente mich höflich, sagte aber kein Wort zu mir. Ansonsten sah ich keinen Menschen. Auch Bobo nicht. Durch das vergitterte Fenster konnte ich gerade auf den schmalen Steg zwischen Bordwand und Oberbau des Schiffes sehen und auf das Meer hinaus.
An einem der ersten Abende führten Jullus und Marcus über mir dieses Gespräch, von dem ich leider nur einzelne Fetzen verstehen konnte:
„... nichts zu befürchten von Rom, solange ihm Ägypten sicher ist. Damals hat er den Aufstand der Räuberbanden, der Bukolen, im Nildelta niedergeschlagen, das wird man ihm dort nie vergessen. Kein Getreideschiff kann den Hafen von Alexandria ohne sein Einverständnis verlassen. Aber ohne das ägyptische Getreide müßte ganz Italien, Rom zuerst, Hunger leiden –"
„Er hat Syrien fest in der Hand", hörte ich Marcus sagen.
„Es ist seine Heimatprovinz. Alle kennen ihn dort gut, Marcus Aurelius haben die Syrer noch nie gesehen –"
„In Antiochia möchte ich den Rest meines Lebens verbringen. Antiochia ist reicher als Rom und hat sogar nachts eine Straßenbeleuchtung", schwärmte Jullus.
Es war nun eine Weile wieder still. Die Schritte der beiden entfernten sich, erst nach ein paar Sekunden näherten sie sich wieder.
„Wenn er aber nicht stirbt?"
War das Jullus, oder war es Marcus? Manchmal konnte man die Stimmen der beiden von hier unten aus nur schwer unterscheiden. Ich lag auf mein

Schaffell gebettet und lauschte angestrengt. Wer war „er"? Ich wußte es nicht.

„Marcus Aurelius ist schon seit vielen Tagen, vielleicht seit Wochen tot. Die endgültige Nachricht ist noch nicht in Rom angekommen. Weißt du, wie es nach dem Tod des göttlichen Augustus war?"

„Keine Ahnung."

„Neun Tage lang wurde sein Tod von seiner Frau und seinem Stiefsohn geheimgehalten, bis die Nachfolge für Tiberius mit Hilfe des Militärs gesichert war. Beim göttlichen Trajan sah es auch nicht anders aus –"

Jullus erwiderte etwas, das ich nicht verstehen konnte.

„In Geschichtsbüchern werden solche Dinge schamhaft verschwiegen. Manchmal haben die Geschichtsschreiber auch Angst zu schreiben, was sie wissen . . ." Das war wieder Marcus.

Und auch das sagte er: „Also mußte Cassius handeln. Hätte er nicht nach der Macht gegriffen – ja, wer dann?"

„Der dämliche kleine Commodus mit den Pausbakken", hörte ich Jullus murmeln. „Er ist ein Kind. Leute wie Ummidius Quadratus oder der kahlköpfige alte Claudius Pompeianus hätten regiert und über Commodus' Wutanfälle nur gelächelt. Wer weiß, vielleicht hätte auch irgendein besorgter Onkel den größenwahnsinnigen kleinen Knaben vergiftet. In solchen Familien wäre das auch gar nicht ungewöhnlich . . ."

Den Rest verstand ich nicht mehr.

„Die Sache ist zum Glück entschieden", sagte Marcus.

„Cassius hat das Rennen gewonnen."
Mein Herz schlug schneller, und nur langsam begann ich zu begreifen. Das, was sie sagten, war also geschehen – denn sonst hätten sie es nicht sagen und ich es nicht hören können: Der Kaiser, mein Großvater Marcus Aurelius, war gestorben, und Avidius Cassius, der Statthalter der Provinz Syrien, er – und so lächerlich es klang, alles was ich von ihm wußte, war, daß er gerne Thunfisch aß –, er war nun Augustus.
Imperator Caesar Augustus, jagte es durch meinen Kopf, Konsul zum ersten Mal, Inhaber der tribunizischen Gewalt zum ersten Mal, *Pontifex Maximus,* oberster Priester. Bald würde ich die ersten Münzen mit seinem Bild in der Hand halten. Würde man nun die Bilder von Marcus Aurelius von den Wänden entfernen? Und Commodus? Er, der den Titel Caesar schon als kleines Kind erhalten hatte? Was würde mit ihm geschehen? Warum hatte Cassius ihn entführen lassen wollen?
„Ich versuche, es mir vorzustellen", hörte ich Jullus sagen, Marcus hustete.
„Dieser hochnäsige, hocharistokratische kleine Kerl, der jetzt nichts anderes im Kopf hat als Rennpferde, Löwenjagden und Boxkämpfe, der wäre noch ein paar Jahre älter, sagen wir, er wäre zwanzig oder zweiundzwanzig . . . Ummidius und Pompeianus hätten ihn nicht ermordet. Über seine Wutanfälle und sonstigen Launen würden sie nun nicht mehr lachen. Glaub mir, zittern würden die vor ihm. Aber eines Tages hätte er sie alle satt, diese Professoren und erfahrenen Senatoren, die weisen Ratgeber und all die anderen klugen Leute um ihn herum. Ummidius

und den alten Pompeianus würde er aller ihrer Ämter entheben; statt ihrer würden seine jungen Freunde Ehrenämter und hohe Stellen einnehmen. Sie würden möglicherweise viel Unheil anrichten –"
„Aber ob Cassius wirklich besser sein wird?"
„Besser als der junge Commodus auf jeden Fall. Und vielleicht gelingt es ihm, Frieden zu schließen an der Donau mit den Germanen. Dann wäre er sogar noch besser als Marcus Aurelius. Ich verstehe nicht viel von Politik. Im Grunde genommen interessiert mich nur mein Militärdiplom und die ehrenvolle Entlassung aus dem Militärdienst. Nach ein paar Jahren ist man die Sache doch ziemlich leid, geht es dir nicht auch so, Marcus? Mich zieht es wieder in die Gladiatorenschule von Antiochia ..."
„Wenn wir den Jungen wohlbehalten bei Cassius' Leuten in Alexandria abgeliefert haben, dann bekommen wir unser Diplom, und du erhältst das römische Bürgerrecht –"
„Und die drei Namen –"
Die Schritte der beiden entfernten sich endgültig.

Unaufhaltsam setzte die „Crocodilus" ihren Kurs auf Ägypten fort ... Längst war die Küste mit dem Himmel verschwommen, rings um die „Crocodilus" war nur noch Meer zu sehen.
Das Fleisch, das mir der alte Matrose zum Abendessen brachte, war jeden Tag etwas zäher. Und die Tage schienen immer länger zu werden.
Die einzige Veränderung in meinem Dasein bestand darin, daß man mich jetzt morgens kurze Zeit an Deck gehen ließ. Dabei sah ich manchmal Bobo. Er hatte mit den Matrosen Freundschaft geschlossen

und konnte in Windeseile den großen Mast hochklettern.
Anfangs wurde ich scharf beobachtet. Marius, der Steuermann, und die Matrosen ließen mich nicht aus den Augen. Keiner sprach ein Wort mit mir. Doch ich spürte nur zu gut, wie ihre Blicke sich in mich bohrten, wenn ich nur ein paar Schritte über den Bereich auf dem hinteren Teil des Decks, wo ich mich frei bewegen durfte, hinausging.
Es war ein schöner Tag, die letzten Frühnebel zerrissen in den Strahlen der Morgensonne, und das Knarren des Steuerruders war gerade nicht zu hören. Marius schlief wohl eben.
Es gab hier auf dem Unterdeck eine kleine Bank. Sie war ziemlich genau unter dem Standplatz des Steuermanns. Aber Marius ließ bei ruhiger See das Steuer manchmal eine Zeitlang ruhen, wenn das Schiff ohnedies vom Wind in die richtige Richtung getrieben wurde. Die Matrosen waren nach den ersten Tagen nachlässiger geworden, wenn es galt, mich zu beaufsichtigen. Wie hätte ich ihnen auch hier mitten auf dem Meer davonlaufen können?
Ich saß auf dem Holzbänkchen und malte mir aus, daß wir nun bald in Ägypten sein würden, im Land der Krokodile und der Nilpferde ... Plötzlich fiel mein Blick auf eine Kritzelei auf den Planken zu meinen Füßen. Mit roter Kreide hatte jemand eine kleine Siegespalme auf den Boden gekritzelt. Gestern war sie bestimmt noch nicht dagewesen. Wehmütig dachte ich an mein Gepäck, das Jullus und Marcus neben dem Neptun-Brunnen hatten liegenlassen. Da lag es wohl noch heute, wenn nicht irgend jemand es gestohlen hatte.

Mein Würfelbecher war für immer verloren!
Auf dem Holzbänkchen konnte ich fast vergessen, daß ich eigentlich ein Gefangener war. Man konnte aufs Meer hinaussehen und sich vorstellen, ein ganz normaler Reisender zu sein ... Es raschelte plötzlich über mir. Ich zuckte zusammen. War das der Wind, oder war es eine menschliche Stimme?
„Beweg dich nicht! Bleib ganz ruhig. Tu, als wäre nichts geschehen! Ich bin es, Euphrat ..."
Ich wagte nicht, mich zu rühren. Es konnte unmöglich Euphrat sein, der da sprach. Wahrscheinlich wollten Marcus und Jullus mir eine Falle stellen. Oder – war es Euphrats Geist? Ich begann zu zittern.
„Tigris und ich rannten hinter dem Wagen her, mit dem die Entführer fortfuhren. Als wir sahen, daß ihr die Straße nach Ostia nahmt, haben wir verschnauft und auf einen Wagen gewartet, der in die gleiche Richtung fuhr. Ziemlich bald kam einer, der sehr schnell fuhr. Er hatte leere Weinamphoren geladen und wollte zum Hafen. Der Maultiertreiber ließ uns hinten aufsitzen, und es dauerte gar nicht lange, da überholten wir euch. Während des ganzen Weges fuhren wir vor euch her –"
Ich rührte mich nicht und tat, als hörte ich nicht. Es ist eine Falle, eine ganz gemeine Falle, sagte ich mir. Aber diesmal werde ich nicht so dumm sein, darauf reinzufallen ...
„Wir schlichen um das Haus am Strand, in das sie dich gebracht hatten, und wollten dich befreien. Plötzlich fingen die Hunde an zu bellen, erinnerst du dich noch, Lukios?"
Der Junge, den Marcus vor dem Fischerhaus vertrieben hatte, ja, ich erinnerte mich ...

„Du machst deine Sache sehr gut, Lukios“, flüsterte die Stimme weiter, „hör zu: wir sind dann zu dem kleinen Beiboot der ‚Crocodilus‘ geschwommen, als wir hörten, was Marcus und Jullus vorhatten. Wir halten uns hier an Bord versteckt, Tigris und ich –“
„Du bist nicht Euphrat! Ich glaube dir kein Wort“, flüsterte ich.
„Lukios, ich kann dir beweisen, daß ich es bin. Warte bis heute abend, dann komm’ ich wieder. Bitte heb etwas von deinem Abendessen für uns auf. Gestern habe ich versucht, etwas von den Vorräten in der Schiffsküche zu klauen, und bin dabei um ein Haar erwischt worden. *Vale,* ich muß mich beeilen, Marius wird gleich wieder dasein.“
Es raschelte wieder. Wie ein Spuk entfernte sich Euphrat – wenn er es war …

Ich will nicht sterben!

Nein, es konnte ja gar nicht Euphrat gewesen sein! Wahrscheinlich war ich auf der kleinen Bank eingenickt und hatte geträumt. Schade eigentlich.
Ich sah mein Abendessen an: dieses zähe Stück Fleisch, das knochenharte Stück Brot auf dem groben Tonteller. Das Essen wurde hier auf der „Crocodilus“ jeden Abend etwas schlechter. Ich tunkte das Brot in den Becher mit Wasser und biß ein Stück ab, dann ließ ich es sinken. Vielleicht hatte ich doch nicht geträumt? Gut, ich würde einfach abwarten.
Plötzlich fiel mir ein: Marcus und Jullus hielten mich ja für Lucius Commodus. Sie wußten nicht,

daß ich Lukios war. Wenn Jullus und Marcus mir eine Falle hatten stellen wollen, wie konnten sie mich dann mit *meinem* Namen anreden, den sie doch gar nicht kannten? Euphrat – immer unter der Bedingung, daß er es war – hatte mich „Lukios“ genannt!

„Lukios! Hab keine Angst, ich bin es wieder: Euphrat. Komm ans Kajütfenster! Bring bitte das Essen mit –“
Zitternd griff ich nach dem Tonteller und trat ans Fenster. Die scharf geschliffene Schneide eines Messers blinkte mir entgegen. Wer es hielt, konnte ich nicht sofort erkennen. Ich wich zurück.
„Feiger Barbar“, rief ich laut, „Kindermörder! Schäm dich, Jullus!“
Das Messer flog plötzlich zu mir herein und fiel klirrend auf den Boden. Ich hörte einen erschreckten Aufschrei und Schritte, die sich schnell entfernten. Ich bückte mich und versteckte das Messer in einer Gewandfalte. Es hatte einen geschnitzten Elfenbeingriff, der mir bekannt vorkam. Ein Verdacht stieg in mir auf. Ehe ich ihn nachprüfen konnte, hörte ich schwere watschelnde Schritte die Stiege vom Oberdeck herunterkommen. Sekunden später stand Jullus schweratmend in der Tür. „Du hast nach mir gerufen, Caesar? Ich habe meinen Namen verstanden –“
„Entschuldige, Jullus. Ich war schon eingeschlafen und hatte einen schlimmen Traum gehabt –“
„Dann schlaf weiter. *Chaire,* Commodus“, brummte Jullus und ging wieder. Er hatte wohl kaum eben vor dem vergitterten Kajütfenster mit dem Messer in der

Hand auf mich gelauert ... Wer aber dann? Ich nahm es aus seinem Versteck und strich leicht über den geschnitzten Griff – zwei kämpfende Gladiatoren waren darauf zu sehen; der Schild des einen flog gerade nach hinten, während der vordere mit dem Degen auf ihn losging. Darunter war eingeritzt: LUKIOS ... Es war *mein* Dolch! Ihn hatte ich in das kleine Bündel mit meinen Habseligkeiten gepackt, die ich auf die Löwenjagd mitnehmen wollte. Jullus und Marcus hatten es am Neptun-Brunnen achtlos liegenlassen ... „Ich kann dir beweisen, daß ich es bin", hatte Euphrat gesagt. Und nun war der Beweis erbracht.

Es wurde Nacht. Euphrat war nicht wiedergekommen. Ich rollte mich auf dem Schaffell zusammen, meinen Dolch hielt ich mit beiden Händen fest umklammert, und schließlich fiel ich in unruhigen Schlaf. Ich wurde wach, als es stockdunkel war. Von draußen her hörte ich einen leisen Pfiff – hatte mich jemand gerufen? Vorsichtig sprang ich auf und schlich ans vergitterte Fenster. Ein glänzendes Auge sah herein.

„Wir sind es", hörte ich Tigris leise sagen.

„Sag schnell, was machen Marcus und Jullus und die anderen?"

„Sie schlafen fest –"

„Es geht um dein Leben, Lukios", flüsterte Euphrat, „hör zu: Marcus und Jullus hatten den Auftrag, Commodus zu entführen und nach Ägypten zu bringen. Avidius Cassius ist jetzt Kaiser. Ob dein Großvater noch lebt, ist sehr zweifelhaft. Vieles spricht dafür, daß er tot ist. Cassius wollte Commodus entführen lassen, damit er hinterher behaupten kann, er

hätte den jungen Caesar zu einem Zeitpunkt beschützt, als die Lage in Rom völlig unsicher gewesen sei. Er will so tun, als sei er nur deshalb von den Soldaten zum Kaiser ausgerufen worden, damit er die Rechte des jungen Commodus wahrnehme. Cassius wird sagen, wenn Commodus selbst alt genug sei, um zu regieren, werde er wieder zurücktreten. Natürlich ist das alles nur Verstellung –
Cassius hat Commodus, beziehungsweise dich, gewaltsam entführen lassen, um, mit dem Caesar in seiner Gewalt, besser verhandeln zu können mit dem Senat in Rom. Notfalls kann er drohen, er werde Commodus töten. Sollte Marcus Aurelius aber noch leben, kann Cassius ihn ebenfalls erpressen – beispielsweise dazu, daß er ihn, Cassius, zum Mitkaiser ernennt –"
„Woher wißt ihr das alles, Tigris?"
„Wir haben Jullus und Marcus belauscht. Glaub mir, wenn Marcus Aurelius wirklich tot ist, dann ist Cassius nicht daran gelegen, daß Commodus lange am Leben bleibt. Erst würde er ihn freundlich behandeln. Wenn er aber erreicht hat, was er wollte, dann wird er an seine eigene Familie denken und Commodus bei der nächsten Gelegenheit vergiften lassen. In den ‚kaiserlichen Hofkommentaren' wird dann zu lesen sein, der junge Caesar sei leider an einer schweren Lungenentzündung verstorben. Cassius hätte Tränen vergossen –"
„Aber ich bin doch gar nicht Commodus!"
„Vorerst wird dir das niemand glauben. Wie willst du beweisen, daß du *nicht* Commodus bist", sagte Euphrat verzweifelt.
„Lukios, du mußt fliehen, begreifst du das nicht? Du

kannst nicht abwarten, was in Alexandria mit dir geschieht."
„Schau dir die Tür genau an und versuch, sie zu öffnen", flüsterte Tigris. „Wir haben das kleine Rettungsboot bereitgemacht, um damit zu fliehen. Euphrat ist es gelungen, zwei Brote und einen Schlauch mit Wasser fortzuschaffen. Niemand wird uns bemerken –"
Ich bin nicht Lucius Aurelius Commodus, dachte ich, und ich will nicht sterben!
Ich untersuchte die Tür. Draußen schoben Euphrat und Tigris den schweren Riegel aus Eichenholz zur Seite. Mit Hilfe meines Messers zwickte ich das Schloß gewaltsam auf. Die schwere Tür gab mühsam nach. Vor Freude fielen wir uns in die Arme. Tigris trieb zur Eile an: „Schnell, zum Heck der ‚Crocodilus'! Das Seil haben wir schon an einem Haken festgebunden –"
Wir hasteten an der Bordwand entlang.
„Oh, Euphrat, beim Jupiter, wo ist Bobo?"
„Lukios, sei vernünftig, komm schnell, wir können doch jetzt nicht nach dem Tier suchen!"
Euphrat zerrte mich weiter. Wir kletterten über die Bordwand, da war auch schon das Seil –
„Das indische aus deinem Gepäck", sagte Tigris und ließ sich hinuntergleiten. Euphrat und ich kletterten hinterher. Tigris riß mir den Dolch aus der Hand und hieb das Seil durch, mit dem das Beiboot an der „Crocodilus" hing. Das Boot schwankte unter uns. Euphrat saß schon und griff nach den Rudern. Benommen nahm ich auf dem Brett vor ihm Platz und begann ebenfalls, die Ruder zu betätigen.
„Laß mich besser dran", sagte Tigris halblaut, „ich

bin stärker, wenn wir außer Gefahr sind, kannst du mich ablösen."
Ich kroch ganz nach vorne und kauerte mich neben ein größeres Bündel. Es war fast windstill, unser Boot gewann sichtlich Abstand von der „Crocodilus".
„Die nächste Küste ist viele Meilen von uns entfernt, ihr wißt nicht einmal, wohin ihr rudert", sagte ich vorwurfsvoll.
„Die Strecke ist sehr befahren. In den nächsten Tagen werden wir ganz sicher einem Schiff begegnen, das uns aufnehmen wird", erklärte Tigris, „und ein paar Tage reichen auch unsere Vorräte. Auf jeden Fall war es wichtig, Marcus und Jullus zu entkommen."
„Siehst du den Nordstern vor uns? Jetzt fahren wir nach Norden. Die ‚Crocodilus' segelt weiter in östliche Richtung, nach Creta, um dort frisches Wasser zu holen, wie wir gehört haben. Wir müssen uns irgendwo vor Griechenland befinden –", Euphrat zeigte mit dem Finger auf den sternenbedeckten Himmel. Hoch über dem Horizont sah ich tatsächlich einen hellen Stern.
„Dann werden wir nicht vom Weg abkommen", murmelte ich schläfrig.

Ich erwachte vor Kälte. Euphrat und Tigris lagen vornübergesunken auf den Ruderbänken und schliefen fest. Die Sonne war eben aufgegangen. Über dem Meer schwebten feine Nebelschwaden. Der Himmel war blau und wolkenlos. Ich sah mich um. Die Hand über die Augen gelegt, um sie vor der Sonne zu schützen, starrte ich das Schiff an, das da,

nur eine halbe Meile entfernt, langsam auf uns zukam. „Wacht auf“, rief ich und schüttelte Tigris.
„Laß mich schlafen“, stöhnte Euphrat.
„Sag der Domina, ich kann jetzt nicht kommen. Ich bin noch zu müde –“
„Tigris, sieh mal! Ein Schiff!“
Nur langsam, viel zu langsam, wurden dic Zwillinge munter und begriffen wieder, wo sie waren.
Tigris rieb sich die Augen und bestätigte: „Ja, das ist ein Schiff.“
Plötzlich stieß Euphrat einen Schrei aus. „Es ist die ‚Crocodilus‘!“
Tigris wurde so weiß wie Onkel Ummidius’ Festtagstoga.
Und nun sah auch ich es: die „Crocodilus“ segelte langsam, aber unaufhaltsam auf uns zu. Jetzt sah ich den alten Matrosen im Mastkorb. Er winkte und gestikulierte. Am Bug des Schiffes stand, vierschrötig und kurzbeinig, Jullus. Der Wind zerrte an seinem roten Umhang. Fest umklammerte ich meinen Dolch mit dem Elfenbeingriff. Neben Jullus erkannte ich den jungen Marcus. In der Hand hielt er einen gespannten Bogen.
Euphrat und Tigris hatten die verzweifelte Lage schnell begriffen. Sie ruderten verbissen wie Galeerensträflinge. Doch unser kleines Boot schien sich kaum von der Stelle zu bewegen, während die „Crocodilus“ bedrohlich rasch näher rückte. „Gebt es auf!“ brüllte Jullus zu uns herüber.
„Kommt sofort zurück!“ rief Marcus beschwörend. „Es ist sinnlos zu fliehen. Ihr werdet jämmerlich ertrinken!“
Keiner von uns gab eine Antwort.

Da drückte Marcus urplötzlich ohne eine Vorwarnung den Pfeil ab. Zischend schwirrte er heran und bohrte sich in den Bug unseres Kahns. Er war mit brennendem Pech bestrichen.
„Sie setzen das Boot in Brand, diese Hunde“, keuchte Euphrat.
Ich bückte mich, gerade noch rechtzeitig, denn ein zweiter brennender Pfeil flog krachend gegen die Außenwand.
„Gebt's endlich auf!“ schrie Jullus triumphierend.
Der dritte Pfeil sauste um Haaresbreite an Euphrat vorbei mitten in unser Gefährt, das sofort zu brennen begann.
„Vorbei“, sagte Tigris tonlos.
„Ins Wasser“, rief ich.
„Gebt euch keine Mühe“, hörte ich Jullus schreien.
Aber schon waren wir im Wasser. Es war kühl und nach der Aufregung erfrischend. Wir waren gute Schwimmer, und ich hoffte darauf, daß es unmöglich wäre, uns im Wasser wieder einzufangen.
Euphrat und Tigris hatte ich bald aus den Augen verloren. Offensichtlich war es Jullus vor allem darum zu tun, mich zu fangen. Marius stand auf der Steuermannsbrücke und steuerte die „Crocodilus“ gefährlich nahe an mich heran. Die Matrosen kletterten an eingelassenen Haken die Bordwand hinab, und nun erkannte ich, daß sie ein riesiges Netz hielten.
„Jetzt!“ rief ihnen Marcus zu.
Ein Entkommen war nicht mehr möglich. Klatschend fiel das gewaltige Fischernetz über mir auf die Wasserfläche. Eine der schweren Maschen traf mich am Kopf. Der Anprall drückte mich unter Was-

ser. Ich schluckte Wasser, mußte husten und glaubte fest, nun sei mein Ende gekommen. Doch dann wurde ich wie ein willenloses Bündel gewaltsam in die Höhe gezogen. Ich sah tief unter mir die aufgewühlte See, und da lag ich auch schon auf den nassen Holzplanken, wie ein Fisch gefangen in den Maschen des Netzes. Ich sah, daß Jullus, prustend vor Lachen, über mich gebeugt stand. Mein Kopf schmerzte. Mir war schwindlig. In der rechten Hand hielt ich etwas Hartes, Kaltes.

„Allein dafür müßte Cassius dir das römische Bürgerrecht verleihen!" Das war Marcus. Ich konnte ihn nicht sehen.

„*Gratiam*, ich danke dir, aber ohne deine tatkräftige Hilfe hätten wir den Caesar nicht so schnell wieder eingefangen", wehrte Jullus höflich ab, und zu mir: „Commodus, du bist tüchtiger, als ich dachte. Du wärst sicher ein brauchbarer Legionär geworden –" Vor Vergnügen strahlte er über sein ganzes verfettetes Gesicht, und seine kleinen dunklen Augen leuchteten hinterhältig. Marcus streifte das Netz von mir ab.

Mit einem Schrei sprang ich auf Jullus zu. Sein roter Umhang fiel ihm von der Schulter. Ehe die anderen mich halten konnten, hatte ich ihm das Messer mit dem Elfenbeingriff, das ich keine Sekunde losgelassen hatte, auch nicht beim Schwimmen, mit voller Wucht in den Oberarm gestoßen. Jullus brüllte auf wie ein Stier, der von der Axt des Opferdieners getroffen wird. Marcus riß mir das Messer aus der Hand und warf mich zu Boden, wo mich zwei Matrosen sofort fesselten.

„Er ist gefährlich", hörte ich Marcus rufen. Dann

zerrten mich die Matrosen die enge Stiege hinab und brachten mich in das Kämmerchen mit dem Schaffell, in meine ehemalige Behausung. Die Tür schlossen sie hinter mir gut ab. Ich hörte, wie sie einen Riegel vor sie legten.
In Alexandria wird man mich vielleicht töten, dachte ich. Es war alles, was ich denken konnte.

„Marcus Aurelius lebt!"

Wir hatten den längsten Teil unseres Weges schon hinter uns. Es mußte Mitte Mai sein, vielleicht auch später. Heiß brannte die Sonne auf die Planken der „Crocodilus" herab. Meine Freiheiten waren wieder etwas größer geworden. Euphrat und Tigris hatten die Matrosen ebenfalls eingefangen, und man hatte sie auf der entgegengesetzten Seite des Schiffes in einem kleinen Bretterverschlag untergebracht. Einmal hörte ich Marcus sagen, er und Jullus wollten die Zwillinge in Alexandria auf dem Sklavenmarkt verkaufen und den Erlös unter sich teilen. Gefesselt lag ich auf den warmen Holzplanken des Unterdecks und ließ mich von der Sonne bescheinen. Niemand achtete besonders auf mich. Das große Segel knatterte im Wind, der Mast ächzte gedehnt, rhythmisch knarrte der Hebel des Steuerruders, vertraute Geräusche ...
Ein Schrei gellte über das Schiff. Ich erschrak.
„*Terra!* Land!" schrie der Matrose im Mastkorb. Freudige Rufe ertönten von überall. Mühsam richtete ich mich auf und ließ mich auf das Holzbänk-

chen fallen, mehr Bewegungsfreiheit gaben die Fesseln nicht. O ja, in der Ferne tauchte ein dunkler Streifen auf.
„Bringt den Jungen sofort unter Deck!“ hörte ich Marcus von irgendwoher rufen. Niemand schien ihn zu hören. Also benutzte ich die Gelegenheit, mich umzusehen. Wir näherten uns einer Küste. Das war auch an den schmalen Fischerbooten zu erkennen, die nun herankamen. Sanft geschwungene Hügel rückten näher. Bald sah man graugrüne Olivengärten und die dunklen Quadrate von Weinhängen. Ein Matrose lief an mir vorbei, und ich hörte ihn freudig rufen: „Wir sind in Creta! Hier machen wir noch einmal halt –“
Im nächsten Augenblick wurde ich von einer neuen Beobachtung abgelenkt. Weit entfernt von uns am Horizont sah ich einen Punkt auftauchen, der sich sehr schnell auf uns zubewegte.
„Bringt den Caesar in die Kajüte“, brüllte Marius.
Das muß ein Schnellruderer sein, dachte ich.
Marius und ein Matrose schoben mich hastig in den kleinen Raum mit den Schaffellen und dem Öllämpchen. Ich kroch vor das vergitterte Fenster und spähte hinaus. Mit unglaublicher Geschwindigkeit kam der Ruderer näher. Kein Zweifel, er steuerte geradewegs auf die „Crocodilus“ zu. Bald schon konnte man das Aufklatschen der Riemen hören . . .
„Fort da vom Fenster“, schrie mich ein Matrose an, der draußen vorbeirannte.
Ich hörte, wie draußen das Segel eingezogen wurde, und spürte, daß die „Crocodilus“ langsamer wurde. Bald darauf begann unser Schiff leicht zu schwanken. Ich erkannte von weitem fremde Stimmen,

hörte Jullus etwas rufen und Euphrat einen entsetzlichen Schrei ausstoßen. Dann erklangen laute hastige Schritte, die Tür der Nachbarkajüte wurde aufgerissen und wieder zugeworfen. Fast jedes Wort, das drüben gesprochen wurde, hörte ich mit.
„Marcus Aurelius lebt!“ schrie eine fremde Stimme in griechischer Sprache mit einem harten römischen Akzent. „Cassius hat sich geirrt! Wir alle haben uns geirrt. Commodus hat dem Volk in Rom ein großartiges Geldgeschenk gegeben und ist jetzt längst auf dem Weg nach Sirmium zu seinem Vater.“
Jullus stammelte etwas Unverständliches.
„Einen Falschen habt ihr entführt, ihr unfähigen Barbaren“, schrie der Fremde. „Ich selbst habe Commodus mit meinen eigenen Augen noch vor meiner Abreise in Rom gesehen. Nachdem der Brief seines Vaters angekommen war, hielt er auf dem Forum eine hübsche Rede: niemand solle sich beunruhigen. Sein Vater, Marcus Aurelius, würde mit dem Heer nach Syrien ziehen und Cassius für seine unglaubliche Tat bestrafen –“
Marcus sagte nun etwas. Es war so leise, daß ich es nicht verstehen konnte.
„Die Rechnung unseres großen Feldherrn Cassius ist diesmal nicht aufgegangen: Er hatte auf Martius Verus und dessen Legion in Kleinasien gehofft. Martius ist *nicht* zu ihm abgefallen –“
„Und – was sollen wir jetzt tun?“ fragte Marcus mit bebender Stimme.
„Als euer alter Freund habe ich euch gewarnt. Noch heute rudern wir weiter, um Cassius die neuen Nachrichten zu überbringen. Trollt euch nach Hause, vergeßt eure Verbindungen zu Cassius, und laßt euch

nicht von seinen Leuten erwischen, solange er in Ägypten und Syrien an der Macht ist. Am sichersten werdet ihr fürs erste in Sizilien sein. Sollte es zum offenen Krieg mit Marcus Aurelius kommen, wird Cassius auf jeden Fall verlieren. Der Kaiser hat ein paar Legionen mehr . . ."
Am liebsten hätte ich vor Freude zu hüpfen begonnen.
Plötzlich hörte ich Jullus schreien: „Bei allen Göttern der Unterwelt und bei Neptun und Sarapis – werft die Kinder und den Affen zu den Haifischen ins Meer!"
„Die Haie sollen sie fressen", rief Marcus ebenfalls, der sich offenbar von seinem Schrecken erholt hatte, jedenfalls so weit, daß er wieder neue Pläne schmieden konnte.
„Gebt ihnen eine Chance", schlug Marius, der Steuermann, vor: „Nehmt ihnen wenigstens die Fesseln ab."
„Meinetwegen", sagte Jullus haßerfüllt, „auch dann werden sie nicht weit kommen . . ."

Ich bin am Ende meiner Papyrusrolle angekommen und möchte mich kurz fassen: In diesem Fall meinten es die Haifische jedenfalls besser mit uns als Marcus, Marius und Jullus; womit ich sagen will, sie fraßen uns nicht.
Als Jullus mich wutschnaubend – Marcus half ihm dabei, denn Jullus trug den linken Arm in einer weißen Schlinge – über die Reling der „Crocodilus" warf, empfand ich Angst und Wut und hatte dennoch – ganz entfernt, ganz schwach – Mitleid mit ihm, der nun einem ungewissen Schicksal entgegen-

gehen würde und sein Ziel, einmal römischer Bürger zu werden, die weiße Toga zu tragen und drei Namen zu haben, endgültig verwirkt hatte.
Das Wasser war schneidend kalt, und die Brandung, so nahe am Strand, ziemlich stark. Es war ein glücklicher Zufall, daß ich, während ich mit den Wellen kämpfte, plötzlich ein zappelndes Etwas zu fassen bekam. Bobo! Er schnaubte und nieste – und lebte! Mit einer Hand hielt ich ihn krampfhaft über Wasser und spürte ganz unerwartet, inmitten der Wellen, Boden unter den Füßen. Ich stolperte weiter und sah und hörte nichts als Bobo.
„Sieh dich um!“ Das war Tigris.
„Dort fährt sie, schau nur“, rief Euphrat.
Benommen drehte ich mich um. Das Segel auf der „Crocodilus“ war wieder voll aufgezogen. Marius stand auf der Steuermannsbrücke. Die „Crocodilus“, deren Gefangene wir so lange gewesen waren, rauschte davon . . .
„Wir sind in Creta!“ rief Tigris. „Und wir sind frei!“

Als wir uns wieder beruhigt hatten, zogen wir los und suchten nach dem nächsten Dorf, das wir bald schon gefunden hatten. Die Leute waren alle sehr nett zu uns. Sie gaben uns zu essen und besorgten uns frische Kleider. Von unserer Geschichte allerdings glaubten sie uns kein Wort. Sie hielten uns statt dessen für Schiffbrüchige und glaubten, wir wären zu lange im kalten Meer getrieben, um nach den Aufregungen eines Schiffbruchs noch völlig klar zu reden.
Wir aber ließen uns noch einmal durch den Kopf gehen, was wir an Bord der „Crocodilus“ zuletzt

gehört hatten. Wenn Commodus nach Sirmium gereist war und Marcus Aurelius mit ihm gemeinsam in die östlichen Provinzen aufbrechen wollte, dann war es das klügste, nicht nach Rom zurückzukehren. Viel naheliegender war es für uns, auf das nächste Schiff zu warten, das von Creta nach Smyrna in Kleinasien fahren würde.
Dort würde unsere Familie dann wohl auch bald eintreffen. Von Smyrna war es außerdem nicht mehr allzuweit nach Pergamon, dieser Gedanke kam mir ebenfalls noch . . .
Hyazinthus, meinen Großvater Marcus, Commodus, den dicken Quintian, Annia, Sextus, Onkel Ummidius, Cornilla, sie alle würden wir dort treffen . . .

ENDE DER ERSTEN
PAPYRUSROLLE

Das Imperium Romanum zur Zeit des Marcus Aurelius
Teil der Provinzen

Provinzgrenzen
Grenzen
INFERIOR
THRACIA
PONTUS ET BITHYNIA
ARMENIA
CAPPADOCIA
GALATIA
ASIA
Pergamum
Smyrna
LYCIA ET PAMPHYLIA
CILICIA
Antiochia
SYRIA
CYPRUS
CRETA
SYRIA PALAESTINA
Alexandria
ARABIA
CYRENE
AEGYPTUS
NIL

AUGUSTUS – heißt „der Erhabene“, wird als ehrender Beiname für den Kaiser angewandt.
ÄDIL – Polizeichef mit einjähriger Amtszeit
CAESAR – seit Hadrian (117–138 n. Chr.) Titel des Thronfolgers
CENTURIO – Anführer einer Hundertschaft. Als Zeichen seiner Stellung trug er Beinschienen.
KONSUL – Ursprünglich, in der Zeit der Republik – sie endete 27 v. Chr. mit Kaiser Augustus – stand zwei Konsuln die Oberleitung der Staatsgeschäfte zu. In der Kaiserzeit dagegen war das Konsulat fast nur noch ein Ehrenamt. Die Konsuln konnten Senatssitzungen einberufen und leiten. Die Amtszeit war im 2. Jahrhundert n. Chr. auf zwei Monate beschränkt, damit eine größere Zahl von Bewerbern mit diesem Amt geehrt werden konnte. Das erste Konsulnpaar, nach dem das Jahr benannt wurde, genoß als *consules ordinarii* (reguläre Konsuln) größeres Ansehen als die nachfolgenden *consules suffecti* (Ersatzkonsuln).
KYNIKER – der Begründer der kynischen Philosophie war Diogenes von Sinope (400–328 v. Chr.). Diogenes schlief in einer Tonne, aß nur das Billigste, verschmähte alle Eß- und Trinkgeräte und trug Sommer wie Winter dasselbe einzige Bekleidungsstück. Er predigte ein Leben der Bedürfnislosigkeit. Dies trug ihm den Namen *Kyon* (griechisch, bedeutet Hund) ein, den er stolz annahm und von welchem die Bezeichnung „Kyniker“ abgeleitet ist.
LEGIONÄR – einfacher Soldat
MAHLZEITEN – bei den Römern war die Haupt-

mahlzeit am späten Nachmittag nach dem Bad. Nach dem Aufstehen wurde lediglich eine Kleinigkeit gegessen; mittags folgte ein zweites Frühstück (*prandium*). Die Hauptmahlzeit – die *cena* – begann mit Vorspeisen, wie Eier und Geflügel oder Salaten. Man aß mit Löffeln und mit Fingern, die man nach jedem Gang wusch. Es folgte ein Umtrunk mit ungemischtem Wein. Der Nachtisch bestand aus Früchten, Kuchen, Austern. Die uns erhaltenen Schilderungen römischer Gastmähler sind allerdings Ausnahmen. Der römische Normalbürger aß immer einfach. Man lag beim Essen.

PAPYRUS – wurde folgendermaßen hergestellt: Aus dem weichen Mark der Papyrusstaude (wuchs in Ägypten am Nilufer) wurden schmale Streifen geschnitten und dicht aneinandergelegt, eine zweite entsprechende Schicht wurde im rechten Winkel darübergelegt und mit einem Stein oder Hammer so lange geklopft, bis beide Lagen ein zusammenhängendes Blatt ergaben; dabei diente der Saft der Papyrusstaude selbst als Klebstoff. Nachdem dieses Stück getrocknet und nochmals geglättet war, klebte man mit Kleister mehrere Blätter zu einer Rolle aneinander. Durchschnittlich war eine Papyrusrolle 6 bis 10 m lang und 25 bis 30 cm breit.

PONTIFEX MAXIMUS – Oberpriester. In der Kaiserzeit wurde dieses Amt immer vom Kaiser ausgeübt.

PRAETOR – städtischer Richter

QUAESTOR – höherer Steuerbeamter, Gehilfe der Konsuln bzw. der Statthalter

SENAT – seit Augustus gab es etwa 600 Senatoren. Nur Senatorensöhne erreichten über die Wahl zum

Quaestor nach dem 25. Lebensjahr einen Sitz im Senat. Darüber hinaus konnte der Kaiser den „breiten Streifen“ verleihen. Der breite Purpurstreifen auf der Toga war der *latus clavus* und galt ebenso wie der rote Senatorenschuh als Rangabzeichen der Senatoren. Diese mußten ein Mindestvermögen von einer Million Sesterzen und außerdem Grundbesitz in Italien haben. Die Senatoren stellten die hohen Staatsbeamten, die Statthalter der Provinzen und die Befehlshaber der Legionen.

STOIKER – philosophische Richtung, die während der Kaiserzeit viele Anhänger hatte, z. B. Seneca und Marcus Aurelius (161–180 n. Chr.). Seneca lebte zur Zeit des Kaisers Nero (um die Mitte des 1. Jahrhunderts n. Chr.); er forderte die menschliche Behandlung von Sklaven. Marcus Aurelius war Kaiser und ist bis heutigentags als Schriftsteller Mark Aurel bekannt geblieben. Das stoische Lebensideal bestand darin, unempfindlich gegen Gefühlswallungen zu sein und Schmerz als naturgegeben hinzunehmen.

TRIBUNIZISCHE GEWALT (*tribunicia potestas*) – ursprünglich, in der Republik, die Amtsgewalt des Volkstribunen, der die Interessen des Volkes gegenüber dem Senat zu vertreten hatte. In der Kaiserzeit wurde die tribunizische Gewalt dem Kaiser verliehen und jährlich erneuert.

Literatur

A. R. Birley, Marcus Aurelius; London 1966
M. Grant, Die Gladiatoren; Stuttgart 1970